Wirtschaftssoziologie

von

Prof. Dr. Friedrich Fürstenberg

Vorstand des I. Instituts für Soziologie der Hochschule
für Sozial- und Wirtschaftswissenschaften Linz/D.

2. neubearbeitete und ergänzte Auflage

Sammlung Göschen Band 1193/1193 a

Walter de Gruyter & Co · Berlin 1970

vormals G. J. Göschen'sche Verlagshandlung · J. Guttentag,
Verlagsbuchhandlung · Georg Reimer · Karl J. Trübner · Veit & Comp.

Inhalt

I. Problemstellungen und Methoden

Der wirtschaftende Mensch versucht den Ausgleich zwischen vorhandenen Mitteln und Zwecken im Sinne bestmöglicher Lebensvorsorge planvoll zu gestalten. Er erlebt diesen Ausgleich und seine sozialen Formen als unlösbare Einheit. Der Landwirt, der sein Feld bestellt, der Unternehmer, der ein neues Erzeugnis produziert, der Händler, der den Markt beliefert, sie alle denken nicht nur an den in Geld meßbaren Aufwand und Ertrag, sondern zugleich auch an Lieferanten und Kunden, an Geschäftsverbindungen, an verpflichtende Abmachungen und herkömmliche Sitten, an den Umgang mit staatlichen Behörden, an die Bedürfnisse ihrer Familien usw. Es würde ihnen nicht einfallen, ihr Wirtschaftsgebaren und die sozialen Beziehungen, in die es eingebettet ist, voneinander zu trennen. Nur bei störenden Auswirkungen ihrer Sachmaßnahmen auf die Wechselbeziehungen mit den Wirtschaftspartnern (beim Unternehmer z. B. ein Streik als Folge von Rationalisierungsmaßnahmen) werden die wirtschaftenden Menschen sich vielleicht der Fragwürdigkeit ihres Verhaltens aus der Sicht übergeordneter, abstrakter Zusammenhänge bewußt.

Die wissenschaftliche Forschung muß diese subjektiv erlebte Einheit der Wirtschaftsvorgänge auf dem Wege der Analyse zunächst zerstören, um sie schließlich später wieder kunstvoll im Rahmen eines abstrakten Bezugssystems zusammenzusetzen. Nur so ist die Erhellung von Funktionalzusammenhängen wissenschaftlich möglich. Hierbei zeigt sich nun, daß das Gesetz der Arbeitsteilung auch für die Wissenschaft gültig ist und mit dem Fortschritt der Forschung unwiderruflich zur Bildung von Sonderdisziplinen führt. Zwar kann der Philosoph immer noch über das Wesen des „Wirtschaftens an sich" nachdenken und zu wichtigen Erkenntnissen gelangen. Der Vertreter der positiven Einzelwissenschaft muß jedoch seinen Blickwinkel beschränken, um schärfer sehen zu können. Ein Ergebnis dieser

Entwicklung ist die Entstehung der Wirtschaftssoziologie, einer auf die gesellschaftlichen Erscheinungsformen und Wechselwirkungen des Wirtschaftslebens bezogenen Sonderdisziplin der Soziologie. Sie hat die Aufgabe, die sozialen Vorgänge beim Wirtschaften, die daraus entstehenden Institutionsformen und -strukturen sowie die den Bereich der Wirtschaft mit der Gesamtgesellschaft integrierenden sozialen Ordnungssysteme zu untersuchen. Hierbei bedient sie sich der in der soziologischen Forschung üblichen qualitativen und quantitativen Untersuchungsmethoden und eines Begriffssystems, das den Einbau ihrer Forschungsergebnisse in eine allgemeine soziologische Theorie der gegenwärtigen Gesellschaft gewährleistet.

Wie jeder Wissenschaftszweig, so hat auch die Wirtschaftssoziologie eine umfassende Vorgeschichte, die zurück in jene Zeiten führt, als ihr Forschungsanliegen zusammen mit denen der Nachbardisziplinen noch in einer einzigen universalen „Staatswissenschaft“ wahrgenommen werden konnte, oft in Personalunion durch einen einzigen Forscher. Es geht jedoch nicht an, im Rückblick auf diese Entwicklungsstufe der Wirtschaftssoziologie ihre Eigenständigkeit etwa mit dem Argument streitig zu machen, Wirtschaftstheorie und -politik z. B. würden das Gebiet wirtschaftlicher Erscheinungen hinreichend behandeln. Zwar hat die Wirtschaftssoziologie wie zahlreiche andere Disziplinen von den drei Grundbedingungen jeder Wissenschaft: Problemstellung, Untersuchungsgegenstand und Methodik die beiden letzteren mit einer Reihe von Nachbarwissenschaften gemeinsam. Den Raum der Wirtschaft teilen sich u. a. die Wirtschaftstheorie, Wirtschaftspolitik, Wirtschaftsgeschichte, Wirtschaftsgeographie, Wirtschaftsrecht, und die Methodik exakter Sozialforschung wird u. a. in der Sozialpsychologie und in der Sozialstatistik angewendet. Im entscheidenden Punkt: der Problemstellung, geht jedoch die Wirtschaftssoziologie ihren eigenen Weg und gelangt auf diesem auch zu selbständigen Ergebnissen.

Dies wird am deutlichsten, wenn man das Verhältnis der Wirtschaftssoziologie zu ihren Nachbarwissenschaften abgrenzend betrachtet. Eine besondere Bedeutung kommt hierbei dem Verhältnis zur Wirtschaftstheorie zu, das Gegenstand tiefgreifender, bis in die Gegenwart hineinführender Kontroversen war und den Stoff zu zahlreichen Monographien geliefert hat.

In der Vergangenheit haben drei Grundauffassungen über das Verhältnis zwischen Wirtschaftssoziologie und Wirtschaftstheorie eine Rolle gespielt. Eine Reihe von Forschern, die vor allem an morphologischen und strukturellen Aspekten des Wirtschaftslebens interessiert waren, hat beide Disziplinen einander gleichgesetzt, wie etwa *Werner Sombart:*

„Wenn Soziologie die Wissenschaft vom menschlichen Zusammenleben ist, Wirtschaft aber menschliches Zusammenleben, dann ist eben Wirtschaftswissenschaft Soziologie... Der Wirtschaftssoziologe ist der Wirtschaftstheoretiker im Gegensatz zum Wirtschaftsempiriker, zum Wirtschaftshistoriker, und zwar ist alle Wirtschaftstheorie restlos Wirtschaftssoziologie.“[1]

Ähnlich sieht *Gerhard Weisser* die „Wirtschaftswissenschaft als spezielle Soziologie“, denn das ökonomische Interesse ist abgeleitet, mittelbar, und es gibt deshalb keine selbständige Sphäre des Wirtschaftens.

Eng mit dieser Auffassung zusammen hängt etwa der Standpunkt von *Talcott Parsons,* der die Wirtschaftstheorie in ein umfassendes theoretisches System der Soziologie einzuordnen bestrebt ist. Sein Ziel ist die Herausarbeitung einer „allgemeinen Theorie des Handelns“, die praktisch alle Sozialwissenschaften umfassen soll.

Mit wissenschaftslogischer Akribie hat *Hans Albert* die Identität von theoretischer Nationalökonomie und Soziologie zu begründen versucht. Eine Theorie mit wirklichkeitsbezogenem Informationsgehalt läßt sich demnach nicht als abstrakte Entscheidungslogik, sondern nur als Marktsoziologie auf der Grundlage empirisch überprüfbarer Hypothesen aufbauen.

[1] Werner Sombart, Nationalökonomie und Soziologie, Jena 1930, S. 11/12.

Umgekehrt wurde auch der Standpunkt vertreten, die Wirtschaftstheorie sei nicht zuletzt auf Grund ihres hohen Entwicklungsstandes und der Exaktheit ihrer Aussagen der Wirtschaftssoziologie übergeordnet, insofern als sie schon rudimentär eine noch auszubauende Wissenschaft von der rationalen Interessenwahrnehmung darstelle. *Woldemar Koch*, der diesen Vorrang der Wirtschaftstheorie vor allem im Hinblick auf *Paretos* Forschungen betont, nennt die hierauf zu begründende übergreifende Wissenschaft eine „rationale Soziologie", die Wirtschaftstheorie und auch politische Soziologie als Teildisziplinen einschließen soll. Ähnliche Tendenzen sind im Zusammenhang mit der Begründung einer abstrakten entscheidungslogischen Theorie sozialer Systeme auf kybernetischer Basis zu beobachten.

Gegenüber diesen bisher mehr oder weniger Programm gebliebenen Meinungen beginnt sich die Auffassung durchzusetzen, daß der soziologische Aspekt des Wirtschaftens ein Aspekt sui generis sei, der nicht mit dem wirtschaftstheoretischen Anliegen gleichgesetzt bzw. ihm über- oder untergeordnet werden könne. Man braucht diese Trennung nicht wie *Leopold v. Wiese* damit zu begründen, daß die Wirtschaftstheorie es mit Mensch-Ding-Beziehungen, die Wirtschaftssoziologie hingegen mit Mensch-Mensch-Beziehungen zu tun habe. Denn auch die Mensch-Ding-Beziehungen haben eine soziologische Relevanz, wie umgekehrt im wirtschaftstheoretischen Modell bestimmte soziale Verhaltensweisen als Prämissen erscheinen (z. B. bei der Bestimmung der Sparneigung und ihrer Beeinflussungsfaktoren). Fest steht jedoch, daß wirtschaftstheoretische und soziologische Forschung in der Gegenwart weitgehend voneinander getrennt, ja einander entfremdet sind und wohl eine engere Zusammenarbeit angestrebt werden kann, keineswegs aber eine Synthese der Art, daß einer der beiden Wissenschaftszweige ganz im anderen aufgehen könnte. Allenfalls läßt sich für eine ferne Zukunft hoffen, daß eine umfassende Gesellschaftstheorie entsteht, die sämtliche Aspekte auch des Wirtschaftslebens systematisch ordnet und in ihrem Zusammenhang erklärt. In dieser Richtung wirken gegenwärtig besonders die Bemühungen um eine Erneuerung der politischen Ökonomie und um die Erforschung umfassender sozialer Handlungssysteme.

Die vorerst noch unbefriedigende Zusammenarbeit zwischen den Nachbardisziplinen wird sofort verständlich, wenn man die verschiedenen Ansatzpunkte von Wirtschaftstheorie und Wirtschaftssoziologie einander gegenüberstellt. In sehr ausgeprägtem Maße konzentriert sich, wenn auch nicht unbestritten, die theoretische Nationalökonomie auf die Grundfrage: Wie ist rationales Wirtschaften theoretisch möglich? Hierbei steht im Mittelpunkt der Analyse das auf axiomatischen Aussagen begründete Modell, in dessen Rahmen quantitative Funktionalzusammenhänge zwischen einer begrenzten Zahl von Variablen systematisch abgeleitet werden können. Die Grundmethode ist also die isolierende Abstraktion, der die Präzision der analytischen Aussagen zu verdanken ist, zugleich aber auch deren Distanz von der wahrnehmbaren Wirklichkeit, die auch durch schrittweises Einfügen neuer Variablen prinzipiell nicht überwunden werden kann. Die Wirtschaftstheorie stellt sich also primär die Aufgabe, unter der Voraussetzung eines wirtschaftlichen Idealverhaltens Abläufe darzustellen, aus denen sich Folgerungen für wirtschaftliche Maßnahmen ziehen lassen. Sie hat eine formale Ähnlichkeit mit technischen Konstruktionen, insbesondere der Mechanik, und das Ausmaß, in dem solche quasi-technischen Zusammenhänge beim realen Wirtschaften auftreten, bestimmt die Anwendbarkeit wirtschaftstheoretischer Erkenntnisse. Der Erfolg der Ökonometrie zeigt, daß hier ein noch keineswegs ausgeschöpfter Spielraum besteht.

Ganz anders lautet die Grundfrage der Wirtschaftssoziologie. Untersuchungsgegenstand sind die realen Erscheinungsformen wirtschaftlicher Vorgänge, sofern sie in sozialen Beziehungen vonstatten gehen oder sich auf diese auswirken. Ausgangspunkt ist nicht ein mathematisierbares Modell, sondern die am Phänomen orientierte typologische Struktur- und Funktionsanalyse. Wo der Ablauf quantitativer Vorgänge analysiert wird, stehen die sozialen Beeinflussungsfaktoren und Auswirkungen im Vordergrund des Interesses. Eine prinzipielle Trennung zwischen „Datum“ und „Problem“ ist deshalb für die soziologische Forschung nicht vollziehbar. Es sind vielmehr gerade die „Daten“, bzw. die „Randbedingungen“ oder „Störgrößen“ des Wirtschaftsablaufs, in denen sich seine soziologische Problematik häufig verbirgt.

Sind auch Wirtschaftstheorie und Wirtschaftssoziologie auf diese Weise schon vom Ansatz her getrennt, so sind sie andererseits jedoch auf eine enge Zusammenarbeit angewiesen. Während die Wirtschaftstheorie durch die Herausarbeitung eines Modells strikt zweckrationalen Verhaltens erst die nähere Bestimmung von „Abweichungen“ ermöglicht und auf gleiche Weise durch Darstellung abstrakter Funktionalzusammenhänge auch die soziologische Forschung mit zahlreichen Hypothesen bereichert, leistet die Wirtschaftssoziologie der theoretischen Forschung vor allem Dienste bei der Lösung des Realisierungsproblems, d. h. bei der Verbindung von Theorie und Praxis. Dies kann in vier Richtungen geschehen:

1. durch Auswahl der im Modell zu untersuchenden Variablen auf Grund des Kriteriums der sozialen Bedeutsamkeit;

2. durch Verwendung soziologischer Erkenntnisse über soziale Reaktionsweisen bei der Analyse des Funktionalzusammenhangs der Variablen im Modell (so ist etwa die soziologische Analyse des Verbraucherverhaltens bedeutsam für konjunkturtheoretische Untersuchungen);

3. durch Überprüfung des Aussagewerts der Theorie auf dem Wege der Konfrontation mit empirisch feststellbaren sozialen Tatsachen;

4. neben dieser den Aussagewert theoretischer Erkenntnisse fördernden Auswertung wirtschaftssoziologischer Tatsachen-

analysen hat von jeher wissensoziologische Dogmenkritik als gleichsam höchste Stufe wirtschaftssoziologischer Forschung eine große Rolle in den Wirtschaftswissenschaften gespielt.

Weniger problematisch haben sich die Wechselbeziehungen zwischen Wirtschaftssoziologie und Wirtschaftspolitik gestaltet. Während letztere auf Grund festgelegter Zweckreihen die Mittel zu deren Verwirklichung untersucht, hat die Wirtschaftssoziologie nicht die unmittelbare Aufgabe, gestaltend in die soziale Wirklichkeit einzugreifen. Sie stellt hierfür lediglich objektiv nachprüfbare Erkenntnisse bereit. Allerdings legt das bei der Analyse sozialer Probleme immer wieder auftretende Engagement des Forschers eine Verwischung dieser Grenzen schon während des Untersuchungsablaufs nahe. Dadurch wird jedoch der Aussagewert der Resultate wesentlich begrenzt. Auf die Dauer kann aber eine erfolgreiche Wirtschafts- und Sozialpolitik nichts mit derartigen, auf ideologisiertem „wishful thinking" beruhenden pseudosoziologischen Stellungnahmen anfangen. Der Wirtschaftssoziologe wird also im Interesse beider Wissenschaften nicht umhin können, sich und der Öffentlichkeit seinen eigenen Standort zumindest bewußt zu machen und möglichst große Objektivität bei seinen Untersuchungen anzustreben. Der Wille zur Objektivität darf aber nicht zum Rückzug in reine Sozialtechnologie führen. Wirtschaftssoziologische Informationen verändern das gesellschaftliche Macht- und Herrschaftsfeld. Auch diese Tatsache ist im Forschungsprozeß zu berücksichtigen.

Das Verhältnis der Wirtschaftssoziologie zur Wirtschaftsgeschichte hat besonders vom methodologischen Gesichtspunkt her zeitweilig Störungen erfahren. Diejenigen Soziologen, die hauptsächlich mit historischem Material arbeiten, haben bisweilen die unterschiedlichen Ansatzpunkte beider Wissenschaften mißachtet und Wirtschaftsgeschichte als Soziologie ausgegeben. Demgegenüber ist zu betonen, daß die Wirtschaftssoziologie allgemeingültige Aussagen anstrebt, eine individualisierende Beschreibung also nicht ihr Erkenntnisziel sein kann. Andererseits bleibt die Tatsache bestehen, auf die besonders *Friedrich Lenz* mit großem Nachdruck hingewiesen hat, daß es „eine Wirtschaftssoziologie, an und für sich oder schlechthin, die inhaltlich für sämtliche uns bekannten Daseinsweisen gelten würde, (nicht geben) kann“.[1] Die Geschichtlichkeit der sozialen Fakten im Wirtschaftsleben muß immer berücksichtigt werden, wenn rein ideologische oder rein formale Aussagen vermieden werden sollen.

Da das Gebiet der Wirtschaftsphilosophie – abgesehen von Autoren, die dem Neuthomismus nahestehen – nur relativ selten bearbeitet wird, hat es auch nur wenige Auseinandersetzungen zwischen ihr und der Wirtschaftssoziologie gegeben. Um so stärker war jedoch, wie in allen soziologischen Teildisziplinen, zeitweise der Einfluß philosophischer, besonders ontologischer und ethischer Blickrichtungen. Er liegt überall da vor, wo in der soziologischen Analyse die Frage nach dem „eigentlichen Wesen“ bestimmter Verhaltensweisen, Vorgänge oder Institutionen auftaucht oder wo nach dem „Sinn“ dieser Tatsachen im Hinblick auf eine feststehende Wertordnung gefragt wird. Derartige Fragen sind durchaus berechtigt und in ihrem Bereich legitim, aber in der wirtschaftssoziologischen Forschung stiften sie nur Verwirrung. Meist ist der Soziologe nicht genügend über die mit ontologischen Aussagen und ethischen Postulaten verbundenen Probleme informiert, so daß seine Meinung zu diesen Fragen purer Eklektizismus, wenn nicht ideologieverdächtiger Traditionalismus oder Schlimmeres ist. Es ist deshalb angebracht, entweder – wenn nötig – Sinn- und Wesensfragen anzudeuten, sich aber um eine möglichst objektive Darstellung der beobachteten Faktoren und Zusammenhänge zu bemühen oder von vornherein die dogmatische

[1] Friedrich Lenz, Wirtschaftssoziologie. In: Die Lehre von der Gesellschaft (Hrsg. G. Eisermann), 1. Aufl. Stuttgart 1958, S. 239.

Grundposition zu kennzeichnen und konsequent auszulegen. Soziologische Aussagen haben im letzteren Fall aber nur noch illustrativen Charakter.

Die Eigenart der Wirtschaftssoziologie wird nicht nur durch eine systematische Gegenüberstellung mit den Aufgaben der Nachbardisziplinen deutlich, sondern auch durch den Einblick in ihre Problemgeschichte. Wirtschaftssoziologische Fragen und Ansichten häufen sich meist dann, wenn die hergebrachten Vorstellungen über Funktionen und Abläufe wirtschaftlicher Vorgänge die tatsächlich gemachten Erfahrungen nicht mehr erklären können und die Revision des theoretischen Bezugssystems dringend erforderlich wird. So argumentieren die Merkantilisten, wenn sie die Bedingungen eines wirtschaftlichen Strukturwandels durch Errichtung von Manufakturen erörtern, ebenso wirtschaftssoziologisch wie die Physiokraten angesichts der dringenden Reform des Staatshaushalts im ancien régime. Das die klassische Nationalökonomie begründende Hauptwerk *Adam Smith's* ist vollends eine Gesellschaftstheorie mit wirtschaftspolitischen Implikationen, in der versucht wird, allgemeine sozialphilosophische Aussagen mit den sozialen Tatsachen in Einklang zu bringen. Als die Klassiker allerdings später ihr Lehrgebäude zu einem in sich geschlossenen dogmatischen System fortentwickelten, wurden wirtschaftssoziologische Fragestellungen weitgehend ausgeschaltet und entsprechende Erkenntnisse (z. B. über die Motivation der Unternehmer) nur in der Form zeitlos apriorischer Voraussetzungen bei der Argumentation berücksichtigt. Dieser Ausschluß sozialer Tatsachenforschung aus einer statisch gewordenen Theorie, die aber gleichzeitig einen weitestgehenden Anspruch auf praktische Verwirklichung behauptete, führte seit Beginn des 19. Jahrhunderts angesichts der sozialen Veränderungen im Zuge der ersten Phase der Industrialisierung zu einer Reihe ausgesprochen wirtschaftssoziologisch intendierter kritischer Untersuchungen. Gegenüber einem dogmatisch erstarrten Liberalismus konnten sich hierbei die Vertreter soziologischer Argumente auf die durch die Romantik wesentlich geförderte historische Forschung berufen. Die Einsicht in die Geschichtlichkeit und damit zugleich gesellschaftliche Bedingtheit wirtschaftlicher Erscheinungen, Aussagen und Begriffe gehört auch zu den ersten und wichtigsten Ergebnissen dieser Forschung. Sie wurde in Deutschland entsprechend der noch vorwiegenden agrargesellschaftlichen und handwerklichen Struktur vor allem von den sozialkonservativ eingestellten Vertretern der romantischen Staatswissenschaft *(Adam Müller, Franz Buß)* und der älteren historischen Schule *(Roscher, Knies, Hildebrand, Hermann)* getragen, im französischen Sprachbereich schon mit sozialreformerischem Akzent hauptsächlich von den St. Simonisten (die u. a. *Lorenz v. Stein* und *Karl Marx* nachhaltig beeinflußten) und *Simonde de Sismondi,* in dem wirtschaftlich am weitesten fortgeschrittenen England von den Frühsozialisten *(Godwin, Thompson).* Allerdings bedingte die stark ausgeprägte Gegnerschaft zur klassisch-liberalen Wirtschaftslehre eine zunehmende Verhärtung auch der ursprünglich tatsachenorientierten kritischen Grundhaltung. So ist das 19. Jahrhundert weithin gekennzeichnet durch die Herausbildung von liberalistischen und sozialistischen Gegenideologien, die sich auf abstrakt-logische Elemente einerseits und empirisch-soziologische Feststellungen andererseits stützten, beide aber durch ethisch-naturrechtliche Grundpostulate jeweils einen geschlossenen Systemcharakter erhielten.

Das Lebenswerk von *Karl Marx,* das noch heute eine Fundgrube für zahlreiche wirtschaftssoziologische Erkenntnisse ist, zeigt am deutlichsten diese verschiedenen Elemente und den Versuch, sie zu einer umfassenden Synthese, der Darstellung der kapitalistischen Wirtschaftsgesellschaft, zu verbinden, die zugleich noch den Anspruch einer politischen Theorie erhob.

Noch bis ins 20. Jahrhundert wirkte diese ideologische Frontenstellung, die sich auch in methodologischen Streitfragen sublimierte, nach, indem z. B. die Vertreter empirisch-soziologischer Wirtschaftsforschung mit den „Sozialisten“, die mathematisch-deduktiv arbeitenden Forscher hingegen mit den „Reaktionären“ gleichgesetzt wurden. Dieser zeitbedingte Umstand mag vielleicht *Max Scheler* zu seiner zwar brillanten, heute aber keineswegs mehr zutreffenden wissenssoziologischen Behauptung bewogen haben, der deduktiven Methode käme ein aristokratischer, der induktiven Methode hingegen ein plebejischer Charakter zu.

Immerhin wird verständlich, daß sowohl die wirtschaftssoziologisch orientierten Forscher als auch die von den klassischen Grundhypothesen ausgehenden Nationalökonomen sich gegen den vor allem von den Marxisten erhobenen Ideologieverdacht zu sichern suchten. Dies gelang einmal durch den Rückzug in die „reine Theorie“ der Grenznutzenschule, in die unangreifbare Logistik der Modelle, zum anderen durch den Aufbau einer objektiven, „wertfreien“ Soziologie, die im wesentlichen das Lebenswerk *Max Webers* ist. So bedauerlich der hiermit verbundene Methodenstreit zwischen „realistisch-empirischer“ Wirtschaftsmorphologie und „exakter Theorie“, die große Antinomie der Wirtschaftswissenschaften, auch gewesen sein mag, es ist rückblickend doch *Joseph Schumpeter* recht zu geben, der der Möglichkeit gegenseitiger Befruchtung die große Gefahr gegenseitiger Sterilisierung gegenüberhielt und die großen Vorteile einer Arbeitsteilung zwischen Wirtschaftssoziologie und Wirtschaftstheorie betonte.[1] Jedenfalls ist die systematische Entwicklung der Wirtschaftssoziologie zur selbständigen Disziplin die Folge der Herausbildung einer „reinen“ Theorie gewesen. So konnten einerseits gegen die gegenwärtig vielleicht überbetonte Theorieblindheit der historischen Schule, andererseits aber auch gegen die Tatsachenfeindlichkeit dogmatisch festgelegter Richtungen Gegengewichte geschaffen werden.

[1] Joseph Schumpeter, History of Economic Analysis, New York (1954), 1955, S. 27.

In diese Frühzeit der Wirtschaftssoziologie fallen die an *Marx* inspirierten großen historischen Systemanalysen des Kapitalismus (*Sombart, Max Weber* u. a.) sowie die großen Wirtschaftsenqueten des Vereins für Socialpolitik und die ersten kritischen Untersuchungen über die reale Entsprechung des „homo oeconomicus". *Max Webers* großartiger Torso „Wirtschaft und Gesellschaft" steckte für die Folgezeit den methodologischen und thematischen Rahmen für die weitere wirtschaftssoziologische Forschung ab, die sich im wesentlichen der von *Weber* selbst in Anlehnung an *Rickert* entwickelten Methode des Idealtypus bediente.

Der Idealtypus „wird gewonnen durch einseitige Steigerung eines oder einiger Gesichtspunkte und durch Zusammenschluß einer Fülle von diffus und diskret, hier mehr, dort weniger, stellenweise gar nicht, vorhandenen Einzelerscheinungen, die sich jenen einseitig herausgehobenen Gesichtspunkten fügen, zu einem in sich einheitlichen Gedankengebilde. In seiner begrifflichen Reinheit ist dieses Gedankenbild nirgends in der Wirklichkeit empirisch vorfindbar, es ist eine Utopie, und für die historische Arbeit erwächst die Gefahr, in jedem einzelnen Falle festzustellen, wie nahe oder wie fern die Wirklichkeit jenem Idealbilde steht, inwieweit also der ökonomische Charakter der Verhältnisse einer bestimmten Stadt als ‚stadtwirtschaftlich' im begrifflichen Sinn anzusprechen ist."[1]

Der Gefahr, mittels dieser Methode sich in die reine Begrifflichkeit zurückzuziehen und empirisches Material allenfalls noch als Illustration für rein hypothetische oder deduktiv abgeleitete Typologien von geringem Aussagewert zu verwenden, sind allerdings manche weniger begabte Epigonen *Max Webers* nicht immer entgangen. Für eine exakte, nachprüfbare Theorie wirtschaftssoziologischer Vorgänge, die mehr als ein rein formales Begriffssystem sein soll, kann nicht darauf verzichtet werden, die im Stadium der Hypothesenbildung recht nützlichen Ideal-

[1] Max Weber, Die „Objektivität" sozialwissenschaftlicher und sozialpolitischer Erkenntnis, in: Gesammelte Aufsätze zur Wissenschaftslehre, Tübingen (1922), 1951[2], S. 191.

typen durch empirische Forschung in Realtypen (im Sinne *Walter Euckens*) umzubilden.

Ein zweiter Einfluß *Max Webers* erstreckte sich auf die Problemstellung. Bemerkenswerterweise blieb seine gegenwartsbezogene empirische Detailforschung (z. B. zur Börse, zur Landflucht, zur Motivation industrieller Arbeit) gegenüber seinen historischen und wissenschaftstheoretischen Untersuchungen zunächst ohne größeren Einfluß. So wandten seine Nachfolger sich hauptsächlich historisch-soziologischen Studien zu und versäumten es, *Webers* Methodik auf gegenwartsbezogene Problemstellungen, insbesondere auch auf die Wirtschaftsdynamik, anzuwenden. Dadurch kam gerade die mikrosoziologische Analyse von aktuellen Wirtschaftshandlungen über die in den Enqueten des Vereins für Socialpolitik entwickelte Methodik qualitativer Beschreibung und Typisierung kaum heraus, während die makrosoziologische Analyse gesamtwirtschaftlicher Phänomene in leider oft nur spekulativen Formulierungen idealtypischer Entwicklungsverläufe erstarrte, wenn sie nicht von vornherein auf nur statische Erfassung sogenannter historischer Ganzheiten abzielte.

Neben dieser eng mit den Intentionen der „historischen Schule" der Nationalökonomie verbundenen Forschung erfuhr die Wirtschaftssoziologie vor allem durch eine ausgedehnte ethno-soziologische Feldforschung (*Richard Thurnwald, Bronislaw Malinowski, Raymond Firth, Marcel Mauss, M. J. Herskovits* u. a.) wertvolle Anregungen. Die Erforschung wirtschaftlicher Verhaltensweisen und Einrichtungen bei den Naturvölkern ermöglichte eine vertiefte Erkenntnis der allgemein soziologischen Funktionen des Wirtschaftens und somit eine neue Sichtweise der sozialen Bedeutung auch der modernen Wirtschaftsinstitutionen.

Die nach dem ersten Weltkrieg immer stärker zu beobachtende Reideologisierung der Sozialwissenschaften in Deutschland ließ die Wirtschaftssoziologie wieder in den Stand einer

Rechtfertigungs- bzw. Oppositionswissenschaft zurücksinken. Während die Zahl wertvoller Detailstudien (z. B. auf dem Gebiet der Wirtschaftsstil-Forschung) weiterhin zunahm, blieb die soziologische Theorie in geschichtsphilosophischen Spekulationen verfangen, wenn sie nicht in reinen Formalismus ausmündete. Der Nationalsozialismus unterdrückte dann vollends die gegenwartsbezogene wirtschaftssoziologische Forschung und ließ nur in sozialpolitischer und sozialgeschichtlicher Verkleidung die Einwirkung soziologischer Erkenntnis zu. Zudem wandte sich die internationale Entwicklung in den Wirtschaftswissenschaften wieder verstärkt wirtschaftstheoretischen Problemen zu, nachdem *Keynes'* geniale Erweiterung des neoklassischen Modells neue Entwicklungsmöglichkeiten auf diesem Gebiet geöffnet hatte. Nach 1945 blieb die wirtschaftssoziologische Forschung in der Bundesrepublik zunächst zersplittert und weithin zufällig. Neben den grundsätzlichen Erörterungen (*Albert, Eisermann, Jöhr, Koch, Lenz, Mackenroth, Weisser, Ziegenfuß* u. a.) mit häufig mehr oder weniger programmatischem Charakter traten Detailstudien stark zurück. Erst im Rahmen der besonders von *Schmölders* geforderten sozialökonomischen Verhaltensforschung sind empirische Untersuchungen z. B. auf dem Gebiet der Finanzsoziologie, des Verbraucherverhaltens und der Unternehmerentscheidungen in Gang gekommen. Wichtige Ergebnisse brachten auch die mit sozialkritischen Intentionen durchgeführten empirischen Analysen der Vermögensverteilung, u. a. des Grundbesitzes, der Einkommensdifferenzierung, der Konzentrationstendenz sowie der Arbeitsmarkt- und Berufsprobleme, in letzterem Zusammenhang auch die Erforschung unterschiedlicher Bildungschancen.

Kontinuierlicher verlief die Entwicklung in den USA, wo der Einfluß der Institutionalisten *(Thorstein Veblen, Wesley Clair Mitchell, John R. Commons)* in umfangreiche Untersuchungen der Sozialstruktur des amerikanischen Kapitalismus (z. B. von *Berle* und *Means*) ausmündete. Daneben wurden in den sogenannten Labor Economics und Institutional Economics soziologische Aspekte nie vernachlässigt. Vielseitig befruchtend wirkten auch die Ergebnisse empirischer Untersuchungen von Industriesoziologen und Sozialpsychologen, z. B. hinsichtlich der Motivation wirtschaftlichen Handelns (*Dickinson, Whyte, Lauterbach, McClelland* u. a.). Außerordentlich rasch und umfassend entwickelte sich die wirtschaftssoziologische Forschung in den USA im Hinblick auf den Modernisierungsprozeß in Entwicklungsländern (*Baran, Hagen, Hoselitz, Lerner* u. a.). Hingegen wurde mit wenigen Ausnahmen (*Wilbert Moore, Talcott Parsons, Neil J. Smelser*) kaum der Versuch unternommen, Gesamtdarstellungen der Wirtschaftssoziologie zu geben.

Der Beitrag Großbritanniens erstreckt sich vor allem auf die ethno-soziologische Forschung der London School of Economics. Daneben wird vor allem die sozialgeschichtliche Forschung, neuerdings auch die Analyse von Wirtschaftsorganisationen, mit soziologischem Akzent gepflegt. Auch der Einfluß deutscher Emigranten wie *Karl Mannheim* und *Adolf Löwe* läßt sich nachweisen.

Wesentliche Anregungen verdankt die Wirtschaftssoziologie den französischen Forschern, die teilweise nachhaltig von der Methodik *Emile Durkheims* beeinflußt worden sind, obwohl dieser selbst abgesehen von einer umfassenden Untersuchung des Phänomens der Arbeitsteilung an Wirtschaftsproblemen nur peripher interessiert war. Seine Schüler *Charles Bouglé* und *François Simiand* haben lange Zeit die wirtschaftssoziologische Sektion des Année Sociologique betreut. Dabei hat vor allem *Simiand* auf empirisch-statistischer Basis dieses Wissensgebiet durch Arbeiten über Lohn- und Geldprobleme sowie über die Wirtschaftsphasen gefördert. Bedeutsame Untersuchungen lieferten auch *Maurice Halbwachs* auf seinem Spezialgebiet der Haushaltsforschung und *Marcel Mauss* bezüglich der Tauschvorgänge bei Naturvölkern. Das Hauptinteresse der französischen Wirtschaftssoziologen gilt den Problemen der Arbeit und ihrer sozialen Organisation (*Friedmann*-Schule). Daneben haben sich aber auch verschiedene Wissenschaftler (z. B. *François Perroux, Jean L'homme* und *Jean Weiller*) um eine umfassende Problembehandlung bemüht.

Die wirtschaftssoziologische Forschung der Gegenwart leidet immer noch daran, daß zwischen den weitverstreuten Detailstudien und den systembildenden Hypothesen nur wenig Beziehungen bestehen. Gleichzeitig konkurrieren historisch-individualisierende, vergleichend-typisierende und unhistorisch-axiomatische Methoden der Analyse miteinander. Versuche einer Standortbestimmung dieser Wissenschaft bleiben meist in der wissenschaftslogischen Auseinandersetzung mit Nachbardisziplinen, insbesondere der Wirtschaftstheorie, stecken. So ist die Zahl neuerer, wirklich umfassender Darstellungen der Wirtschaftssoziologie sehr gering, um so größer hingegen die versteckte und deswegen unsystematische soziologische Argumentation in zahlreichen Veröffentlichungen, die wirtschaftstheoretische oder wirtschaftspolitische Fragen behandeln. Es wird deshalb ein wesentlicher Zweck des vorliegenden Bandes sein, neben der Schärfung des Blicks für die spezifisch wirtschaftssoziologischen Probleme einen Überblick über die bisher geleistete Forschung zu geben und das gesamte Gebiet einmal unter einheitlichem Gesichtspunkt darzustellen. Hierbei soll besonderer Wert auf die Verbindung zur allgemeinen Soziologie gelegt werden, die vor allem das analytische Begriffssystem liefert.

Ausgangspunkt der Darstellung wird das wirtschaftliche Verhalten in seinem soziologischen Zusammenhang sein, wobei eine eingehende Analyse der verschiedenen Verhaltenshypothesen und -theorien im Vordergrund steht. Der Standpunkt derjenigen Wirtschaftssoziologen, die im wirtschaftlichen Handeln den hauptsächlichen Gegenstand der Wirtschaftssoziologie sehen *(Eisermann, Koch)*, wird hierbei insofern erweitert, als dieses Handeln besonders in seinen institutionalisierten Formen soziologisch relevant erscheint.[1] Seine konkrete Analyse kann also nur im Rahmen jener Wirtschaftseinheiten erfolgen, die das soziale Rollengefüge im Bereich der Wirtschaft determinieren. Deshalb folgt auf die allgemeine Darstellung der soziologischen Komponenten des Wirtschaftsverhaltens die Analyse der Wirtschaftsinstitutionen (Unternehmung, privater und öffentlicher Haushalt, Wirtschaftsverband), die von einer Untersuchung der jede entwickelte Wirtschaftsform konstituierenden sozialen Strukturmerkmale (Arbeitsteilung, Tausch, Markt, Geld, Eigentum) eingeleitet wird. Die Wirtschaftsphänomene können aber nicht allein durch eine rein statische Strukturanalyse erfaßt werden. Ein wesentliches Merkmal ist gerade ihre Dynamik, d. h. der Prozeßcharakter zahlreicher Abläufe. Denn nur selten finden wir Wirtschaftsvorgänge, bei denen Anfangs- und Endzustand identisch sind (wie es etwa einem unkritisch angewandten Kreislaufschema entspricht), und sehr selten ist das Ergebnis schon von vornherein durch die Ausgangsbedingungen determiniert. Im vierten Kapitel wird am Beispiel des Konjunkturablaufs und des Wachstumsprozesses eine derartige soziologische Prozeßanalyse versucht werden. Das abschließende fünfte Kapitel wird schließlich die Verbindungslinien zwischen Wirtschaft und Gesamtgesellschaft aufzeigen und durch diese Erweiterung des Bezugsrahmens den Anschluß an die Forschung anderer soziologischer Fachgebiete vermitteln. Es wird sich hierbei zeigen, daß die soziologische Analyse des gesamten Wirtschaftssystems nicht ohne die Grundlage mikrosoziologischer Verhaltensanalysen in den einzelnen Institutionen exakt möglich ist. Der Versuch, ohne Detailforschung ein umfassendes System z. B. der Soziologie des Kapitalismus zu schaffen, kann nur hypothetischen Wert haben. Deshalb wäre es auch unangebracht, Wirtschaftssoziologie lediglich aus der Blickrichtung übergeordneter institutionalisierter Ordnungen zu treiben. Mikro-

[1] Vgl. hierzu auch Lenz a. a. O. S. 244.

soziologische und makrosoziologische Forschung, Interaktions-, Organisations- und Institutionsanalysen müssen sich gegenseitig ergänzen. Diese methodische Mehrstufigkeit gefährdet keineswegs die Einheit der theoretischen Aussage, insofern ein in sich konsistentes, logisch widerspruchsfreies Bezugssystem Forschung und Formulierung der Ergebnisse steuert. Der Fortschritt der Wirtschaftssoziologie wird wesentlich von der Berücksichtigung derartiger methodologischer Überlegungen abhängen.

II. Das wirtschaftliche Verhalten

Ausgangspunkt und Endstadium wirtschaftlicher Vorgänge sind immer menschliche Handlungen, die in der Regel an sozialen Normen orientiert und situationsbezogen sind. Der Frage nach der Struktur wirtschaftlichen Sozialverhaltens kommt deshalb eine zentrale Stelle innerhalb der wirtschaftssoziologischen Forschung zu. Es gibt grundsätzlich zwei Möglichkeiten zur Analyse wirtschaftlichen Verhaltens: die induktiv-realistische Beschreibung tatsächlicher Verhaltensweisen und die deduktiv-fiktive Herausarbeitung von Idealtypen des Wirtschaftens. Der Widerstreit zwischen diesen beiden Methoden hat die soziologische Analyse wirtschaftlichen Verhaltens wesentlich beeinflußt.

1. Das klassische Verhaltensmodell

Schon bei den Physiokraten finden wir gelegentlich detaillierte Charakteristiken wirtschaftlichen Handelns, die als verallgemeinerte soziologische Beobachtungen aufgefaßt werden können, So bemerkt *Mercier de la Rivière* (1720–1793):

„Das persönliche Interesse drängt jeden Menschen eindringlich und unaufhörlich insbesondere dahin, die Gegenstände, die er verkauft, zu verbessern und zu vervielfachen und so die Menge der Genüsse zu vergrößern, mit denen er die anderen

Menschen versorgen kann, und auf diese Weise ebenfalls die Genußmenge zu vergrößern, die die anderen ihm im Austausch verschaffen können. Dann geht die Welt von selbst."[1]

Die in der Reziprozität des Wirtschaftsakts liegende vergesellschaftende Wirkung wirtschaftlichen Verhaltens wird hier klar erkannt und mit einer harmonistischen sozialethischen Auffassung von den sozialen Auswirkungen des Selbstinteresses verbunden. Dieses gilt als treibendes Motiv.

In gleicher Richtung bewegen sich *Adam Smith's* Darlegungen über den „klugen" Wirtschaftsmenschen, in denen empirische Beobachtung ebenfalls mit ethischer Bewertung verbunden ist:

„In der Beharrlichkeit seines Fleißes und seiner Sparsamkeit, in seiner beständigen Opferung der Behaglichkeit und Freude des Augenblicks zugunsten der wahrscheinlichsten Erwartung einer noch größeren Behaglichkeit und Freude in einem ferneren, aber länger anhaltenden Zeitabschnitt wird der kluge Mensch stets durch die völlige Billigung des unparteiischen Beobachters und durch dessen Vertreter, nämlich den Menschen in seiner Brust, unterstützt und belohnt. – Wenn er sich in neue Vorhaben oder Unternehmungen einläßt, müssen diese wohl bedacht und gut vorbereitet sein. Er kann niemals durch irgendeine Notwendigkeit zu ihnen getrieben oder gedrängt werden, sondern er hat stets Zeit und Muße, kühl und nüchtern darüber nachzudenken, was wohl ihre Folgen sein würden."

Einschränkend stellt *Adam Smith* allerdings fest, diese Klugheit werde „zwar als eine höchst achtbare und in gewisser Weise sogar als liebenswerte und angenehme Eigenschaft angesehen, doch ... niemals als eine der Tugenden betrachtet, die einen Menschen am teuersten machen oder ihn am meisten adeln."[2]

Diese Ausführungen, deren Grundgehalt *Smith* auch in seine „Inquiry into the Nature and Causes of the Wealth of Nations" übernommen hat, zeigen deutlich das Bestreben, ein „normales"

[1] Mercier de la Rivière, L'ordre naturel et essentiel des sociétés politiques (1767), éd. E. Depitre, Paris 1909, Kap. XLIV.

[2] Adam Smith, Theorie der ethischen Gefühle. Neuausgabe von H. G. Schachtschabel in der Reihe Civitas Gentium, Frankfurt/M. 1949, S. 265 bis 267.

Durchschnittsverhalten zu typisieren, das sich aus dem richtigen Gebrauch der Vernunft zwangsläufig ergibt. Sie bilden den Ansatz zu jenem Verhaltensmodell der klassischen Nationalökonomie, das als „homo oeconomicus" die Grundlage für die theoretische Forschung bildete. Während bei *Smith* noch sittliche Motive auch im Wirtschaftsverhalten wirksam werden, steht bei *Ricardo* das reine Selbstinteresse völlig im Vordergrund. Die utilitaristische Sozialethik wird zur Individualpsychologie. Gegen diese von *Ricardo* noch durchaus realistisch verstandene Charakterisierung des Wirtschaftsmenschen[1] richtete sich bald die Kritik vor allem *Simonde de Sismondis,* der mit dem Hinweis auf die irrationale Komponente wirtschaftlichen Verhaltens eine lebensnähere Typisierung anstrebte, indem er die individualisierenden Unterschiede in den Wirtschaftsmotiven und -handlungen hervorhob. In der Tat ist das wirtschaftliche Verhaltensmodell der Klassik, sofern es realen soziologischen Aussagewert beansprucht, wie dies bei *Smith* und *Ricardo* der Fall ist, in seiner Gültigkeit eng begrenzt. Es spiegelt allenfalls den Typ des englischen Unternehmers zu Beginn der Industrialisierung wider, erweist sich aber nicht zuletzt durch seine betonte Bürgerlichkeit als ort-, zeit- und klassengebunden.

Die Kritik am homo oeconomicus als einem realen Sozialtypus hat die historische Schule der Nationalökonomie mitbegründet und eine Reihe wichtiger Untersuchungen zur wirtschaftssoziologischen Verhaltensforschung eingeleitet. Um das an diese Voraussetzung gebundene Lehrgebäude der Klassik zu retten, wurde insbesondere von *John Stuart Mill* der Versuch unternommen, den homo oeconomicus als fiktive Konstruktion zu interpretieren. Sie wurde schließlich in das jedem Wirtschaftshandeln zugrunde liegende formale Rationalprinzip um-

[1] Vgl. hierzu Goetz Briefs, Untersuchungen zur klassischen Nationalökonomie, Jena 1915.

geformt.[1] Aus dem abstrakten Postulat des auf Selbstinteresse begründeten Erwerbstriebs wird so bei den Vertretern der Grenznutzenschule das theoretische Apriori des rationalen Nutzenkalküls, das rein formale Geltung hat, d. h. über die Art der Rationalität nichts mehr aussagt. Als fiktives Formalprinzip kann der homo oeconomicus nun universale Geltung für wirtschaftstheoretische Ableitungen beanspruchen, ja ist geradezu deren Voraussetzung. Allerdings läßt sich die soziale Wirklichkeit des Wirtschaftens hierdurch nicht mehr begreifen, und der Wirtschaftssoziologie fällt nun die Aufgabe zu, zu untersuchen, unter welchen Voraussetzungen und in welchem Maße wirtschaftende Menschen „rational" im Sinne der Theorie handeln bzw. in welcher Weise die Rationalität der Theorie beim tatsächlichen Wirtschaften konkretisiert wird. Denn mit rationalem Handeln verträgt sich ja eine Fülle von Verhaltensweisen, je nach dem für das betreffende Wirtschaftssubjekt verbindlichen Wertsystem. Was „rational" ist, wird wesentlich durch gesamtgesellschaftliche Institutionen und soziale Gruppenbindungen bestimmt und unterliegt daher dem sozialen Wandel wie alle Verhaltensmaßstäbe. So kann z. B. unter bestimmten Voraussetzungen auch das Verschenken von Wirtschaftsgütern durchaus als rationales Wirtschaftsverhalten gelten.[2]

Soll also die Wirtschaftstheorie nicht in formaler Logistik erstarren, muß von der Wirtschaftssoziologie die wichtige Aufgabe erfüllt werden, die dem tatsächlichen Wirtschaftsverhalten zugrunde liegende Rationalität zu erforschen. Hierauf hat vor allem *Erich Preiser* eindringlich hingewiesen:

„Wenn die Theorie für die Erklärung der Wirklichkeit brauchbar sein soll, so muß das Verhalten des theoretischen Wirtschaftssubjekts mit dem Verhalten des wirklichen Menschen der Nation, der Schicht und der Zeit übereinstimmen, deren

[1] Vgl. hierzu Carl Menger, Untersuchungen über die Methode der Socialwissenschaften, Leipzig 1883, S. 79.

[2] Vgl. hierzu u. a. Bernhard Laum, Schenkende Wirtschaft, Frankfurt/M. 1960.

Wirtschaft untersucht werden soll. Der Weg dahin ist also vorgeschrieben: *die Theorie muß die Wertskala dieses Menschen empirisch feststellen.* So kamen die Klassiker zu *ihrem* homo oeconomicus, der vom Erwerbsstreben erfüllt, für den die einkommens- bzw. produktionswirtschaftliche Rationalität Richtschnur ist; so mag man vom homo habitualis, traditionalis usw. sprechen. Freilich genügt es keinesfalls, gewisse besonders auffällige Wertungen einer Epoche hervorzuheben und so *den* Wirtschaftsmenschen einer Zeit und eines Kulturbereichs zu konstruieren. Differenzierung ist nötig ..."[1]

Preisers Forderung einer ökonomischen Verhaltensforschung wird um so dringlicher, je mehr durch Fortentwicklung der ökonomischen Entscheidungslogik theoretische Prämissen mit Hilfe der Verwendung elektronischer Datenverarbeitung in die konkrete Wirtschaftsplanung eingehen. Die Rationalität derartiger Verfahren darf nicht die Frage nach der Gültigkeit der Prämissen verdrängen, also insbesondere nicht die Frage nach der empirisch nachweisbaren Rationalität der Wirtschaftssubjekte, deren antizipierte Verhaltensweisen im Simulationsmodell manipuliert werden.

2. Ansätze zu einer soziologischen Strukturanalyse des Wirtschaftsverhaltens

Wie jedes Sozialverhalten sind auch die Handlungen des wirtschaftenden Menschen das Ergebnis einer Wechselbeziehung zwischen subjektiver Haltung und objektiver Situation. Sie stellen sich als sozialer Rollenvollzug dar. Die soziologische Analyse beschäftigt sich nun mit den verschiedenen Aspekten der jeweils vom Wirtschaftssubjekt konkretisierten sozialen Rolle.

[1] Erich Preiser, Das Rationalprinzip in der Wirtschaft und in der Wirtschaftspolitik, in: Jahrbuch für Nationalökonomie und Statistik, Bd. 158 (1953), S. 14. – Ähnlich G. Schmölders, Ökonomische Verhaltensforschung, in: ORDO, Bd. V (1953), S. 205.

Zunächst sind die sozialen Beeinflussungsfaktoren der *subjektiven Haltung* von Interesse. Hier beginnt das Gebiet der Motivationsforschung.[1] Um eine bestimmte Rolle, z. B. die eines Käufers oder eines Verkäufers, zu übernehmen, muß eine entsprechende Motivationsstruktur gegeben sein. Sie entsteht aus dem Zusammenwirken der rein psychologischen Merkmale des betreffenden Individuums mit dem sozialen Bezugssystem, das seine Vorstellungen und Verhaltensweisen steuert. Es handelt sich bei diesem Bezugssystem sowohl um die durch Erziehung und konstante Umwelteinflüsse „verinnerlichten" sozio-kulturellen Werte der Gesamtgesellschaft oder auch einer sozialen Schicht, als auch um die aus den gegenwärtigen Sozialkontakten (Gruppenbindungen u. a.) abgeleiteten Rollenerwartungen. Häufig äußert sich der Einfluß des sozialen Bezugssystems auf die Motivationsstruktur in Form stereotyper Einstellungen (z. B. X-Waren sind gut, weil A oder B sie gut findet) mit dem Effekt, daß die Haltung des Wirtschaftssubjekts dann innerhalb bestimmter Variationsbreiten relativ konstant ist. Eine derartige, gesellschaftlich vorgegebene Einstellung „entlastet" das Individuum von der Aufgabe ständiger Neuanpassung an wechselnde Umwelteinflüsse.

Inhalt der Motivationen können beliebige Impulse sein, keineswegs reicht z. B. ein verallgemeinernder Hinweis auf das Profitmotiv aus, um wirtschaftliches Verhalten soziologisch zu erklären. Als Grundlage für Untersuchungen der jeweiligen Motivationsstruktur lassen sich vier im Anschluß an *Max Webers* Typen des sozialen Handelns herausgearbeitete Grundformen sozialer Motivation verwenden[2]: die zweckrationale, die wertrationale, die emotionale und die traditional bestimmte Motivationsstruktur.

[1] Vgl. hierzu auch W. Moede, Psychologie des Berufs- und Wirtschaftslebens, Sammlung Göschen, Bd. 851, Berlin 1958.

[2] Sie wurden entwickelt in meinem Aufsatz: Die soziale Funktion der Leistungsanreize (incentives) im Industriebetrieb, in: Kölner Zeitschrift für Soziologie und Sozialpsychologie, Jg. 7 (1955), S. 558–573.

Wo das Motiv dominiert, ein gegebenes materielles Ziel auf die bestmögliche Weise durch entsprechend geplantes Verhalten zu erreichen, besteht eine vorwiegend zweckrationale Motivationsstruktur. Ausschlaggebend für das Handeln ist dann die klar erkannte Interessenlage und ein genaues Abwägen der gegebenen Verhaltensalternativen.

Die wertrationale Motivationsstruktur wird durch vorwiegend von ethischen und religiösen Werten abhängende Zielvorstellungen bestimmt. Im Wirtschaftsleben trägt z. B. das häufig zu beobachtende Solidarverhalten bestimmter Gruppen derartige Züge.

Durch sozialen Ehrgeiz, Rivalitäten, Sympathien oder Antipathien, Furcht oder Zuversicht bestimmte Gefühlslagen kennzeichnen eine emotionale Motivationsstruktur. Sie spielt im Wirtschaftsleben, z. B. bei Kauf- oder Investitionsentscheidungen, eine größere Rolle, als oft – vor allem seitens der Beteiligten – zugegeben wird. Mancher Wissenschaftler ist schon durch die nachträgliche Rationalisierung emotionaler Antriebe – meist in Form einer Rechtfertigung – getäuscht worden.

Traditionen bestimmten die Motivationsstruktur vorwiegend im Bereich häufig wiederkehrender Routinehandlungen. Das Wirtschaftsleben ist durchsetzt von traditionalen Vorstellungen, z. B. über eine „normale" Arbeitsleistung, über eine „gute" Qualität, über einen „preiswerten" Kauf usw.

Selbstverständlich entsprechen die tatsächlich zu beobachtenden Motivationsstrukturen selten diesen reinen Typen. Meist handelt es sich um sehr komplexe Mischungen von Motiven und hiervon geprägten Einstellungsweisen. Dementsprechend schwierig ist auch die Vorherbestimmung des Reaktionsspielraums der Wirtschaftssubjekte.

Es ist wiederholt darauf hingewiesen worden[1], daß unter dem Einfluß der industriewirtschaftlichen Produktions- und Verbrauchsbedingungen die Motivationsstrukturen immer stärker rationalisiert würden, so daß die wirtschaftenden Menschen sich mehr und mehr dem Leitbild des homo oeconomicus annäherten. Hiergegen ist zu bemerken, daß im modernen Wirt-

[1] Z. B. von Eisermann in: Die Einheit der Sozialwissenschaften, Stuttgart 1955, S. 37 ff.

schaftsleben andererseits auch die emotialen Kräfte an Bedeutung gewonnen haben, z. B. als Folge der immer umfassender werdenden Werbemaßnahmen. An die Stelle zu rasch verallgemeinernder Aussagen über die Motive des modernen Wirtschaftsmenschen sollten deshalb verläßliche und belegbare Analysen konkreter Motivrealisierungen (Einstellungs- und Verhaltensweisen) treten.[1] Dies wird um so einleuchtender, wenn man bedenkt, daß die Annahme und der Vollzug einer bestimmten sozialen Rolle im Wirtschaftsleben und damit die Hervorhebung ihres z. B. mehr zweckrationalen oder mehr emotionalen Aspektes auch von der objektiven Situation abhängen. Man denke in diesem Zusammenhang etwa an die Änderung einer Kaufentscheidung zugunsten eines unerwartet als Anbieter auftretenden unterstützungsbedürftigen persönlichen Freundes.

Die soziologische *Situationsanalyse* kann sowohl makrosoziologisch (organisations- und institutionsbezogen) als auch mikrosoziologisch (interaktionsbezogen) durchgeführt werden, je nachdem, ob die allgemeinen übergreifenden Zusammenhänge oder der jeweils näher begrenzte Einzelfall im Mittelpunkt des Interesses stehen. Man kann z. B. eine Kaufentscheidung unter Bezug auf die „Klassenbedarfslage", aber auch unter Bezug auf die besonderen Familienverhältnisse des Arbeiters X analysieren. Wichtig in jedem Fall ist, daß die Analyse sich nicht in einer rein sozialstatistischen Zustandsbeschreibung erschöpft, wie dies etwa bei vielen Sozialenqueten des beginnenden 20. Jahrhunderts festgestellt werden kann. Kernpunkt der soziologischen Analyse ist die Erforschung der Situationsmerkmale, die verhaltensrelevant werden. Hier sind in erster Linie die von der sozialen Umwelt vorgegebenen objektivierten Rollenerwartungen zu nennen. Der relativ reibungslose Ablauf

[1] Zahlreiche Anregungen in dieser Richtung vermittelt G. Katona, Das Verhalten der Verbraucher und Unternehmer, Tübingen 1960 (amerikanische Erstausgabe 1951).

des modernen Wirtschaftslebens wäre undenkbar ohne diese situationsbezogenen objektiven Richtmaße des Verhaltens, die der Betreffende trotz oft gegenteiliger Motivation anerkennt.

Man kann die Situationen einteilen nach dem Grad des Anpassungsdrucks, den sie auf das Wirtschaftssubjekt ausüben. Je stärker objektive Rollenerwartungen und subjektive Motivationsstruktur divergieren, desto mehr wird der Betreffende seine Situationsgebundenheit empfinden und zu umgehen versuchen. Andere wichtige Aspekte jeder sozialen Situation sind das Ausmaß ihrer Stabilität bzw. Dauer und der Grad ihrer Vertrautheit. Je geringer Stabilität und Vertrautheit sind, desto schwieriger wird es, das eigene Verhalten situationsadaequat anzupassen und damit zugleich seine Auswirkungen zu kontrollieren. Dieser Umstand spielt eine wichtige Rolle bei der Analyse von Entscheidungsprozessen.

3. Die Wirtschaftsentscheidungen als sozialer Prozeß

Seit einigen Jahren tritt die Analyse wirtschaftlicher Verhaltensänderungen mehr und mehr in den Mittelpunkt des wissenschaftlichen Interesses. Den Anstoß hierfür gab die Erkenntnis, daß wirtschaftliches Verhalten nicht wie in der klassischen Theorie als individuelle Wahlhandlung anhand einer feststehenden Präferenzskala in einer allseits bekannten Situation begriffen werden kann, wobei den Verhaltensalternativen entsprechende Nutzenerwartungen genau zugeordnet sind. Die Annahme dieser sehr weitgehenden Voraussetzungen verdeckt die in Wirklichkeit vorhandene sehr komplizierte Ablaufstruktur der Verhaltensänderung. Meist ist die Ausgangssituation nur teilweise bekannt, so daß auch die Verhaltensalternativen erst gesucht werden müssen, was häufig nur unvollkommen gelingt. Führt aber die veränderte Lage zur Aufstellung eines neuen Wirtschaftsplans bzw. zu einer neuen Verhaltensweise, so bleiben davon die Präferenzvorstellungen nicht unberührt. Sie sind also keine unabhängigen Variablen. Schließlich sind wirtschaftliche Verhaltensänderungen nicht unbedingt individuell – man denke z. B. an Gruppenentscheidungen oder Nachahmungen von peer groups – und tragen auch nicht immer den Charakter einer Wahlhandlung. Neben den eigentlichen Entscheidungen, die ein bewußtes Abwägen der Alternativen voraussetzen, sind die habituellen Anpassungen sehr häufig (z. B. Fremdsteuerung des Käuferverhaltens durch Werbeträger).

Der bekannteste neuere Versuch, die Dynamik des Wirtschaftsverhaltens, den „Entscheidungsprozeß", theoretisch zu erfassen, ist die Spieltheorie (O. *Morgenstern* und *J. von Neumann*).

In der Spieltheorie wird ein rationales, zu optimalen Ergebnissen führendes Verhalten (die „Strategie") gesucht in einer Situation, die vom unkontrollierbaren Verhalten eines oder mehrerer „Gegner" bestimmt wird. Diese Gegner können sich zu „Koalitionen" zusammenschließen. Bekannt sind lediglich die Resultate (die „Verteilungsfunktionen") der möglichen Zukunftszustände nach der Wahlhandlung sowie die Wahrscheinlichkeiten, mit denen ein möglicher Zukunftszustand eintritt. Unter diesen Voraussetzungen ist es in einer begrenzten Zahl von Fällen mit Hilfe komplizierter Rechnungen gelungen, eindeutige „Lösungen", d. h. die optimale Strategie, zu finden.

Die Verwendung wirklichkeitsnaher Bezeichnungen („Koalition" usw.) darf nicht darüber hinwegtäuschen, daß die spieltheoretischen Modelle mit der Voraussetzung rein rationaler Entscheidungskriterien einen hohen Abstraktionsgrad erreichen. Es ist bezeichnend, daß die vorgeschlagenen Strategien im wesentlichen der eines „zögernden Duellanten" *(Th. C. Schelling)* gleichen. Bekanntlich ist aber gerade dieser Sozialtyp in der Schicht der Unternehmer und Wirtschaftsleiter nur wenig verbreitet.

Der Beitrag der Wirtschaftssoziologie zur Erforschung des Ablaufs wirtschaftlicher Verhaltensänderungen kann nicht in der Ausarbeitung von Modellen der eben beschriebenen Art liegen. Er beschränkt sich vor allem auf die empirische Analyse tatsächlicher Entscheidungen bzw. habitueller Anpassungen. Jede Änderung des Wirtschaftsverhaltens wird hierbei als sozialer Anpassungsprozeß verstanden. Dementsprechend wird vor allem nach den Bestimmungsgründen des jeweiligen Anpassungsverhaltens gefragt. Sie hängen, wie in der Spieltheorie richtig hervorgehoben wird, im wesentlichen von den Zielvorstellungen des Wirtschaftssubjekts, sowie von der Kenntnis seiner Lage und der gegebenen Möglichkeiten ab. In Erweiterung der spieltheoretischen Grundkonzeption muß aber die soziologische Forschung auch mit nichtrationalen Zielvorstellungen und habituellem Routineverhalten rechnen. Die empirisch festgestellten Entscheidungskriterien sind stets sehr komplex (vgl. hierzu Kap. III, 2). Bei der Bewertung der Alternativen spielt auch der jeweilige Erwartungshorizont des betreffenden Wirtschaftssubjekts eine entscheidende Rolle. Hier zeigen sich außerordentliche Unterschiede, die auf die soziale Lage des Betreffenden und sein soziales Bezugssystem zurückzuführen sind. Erst eine umfassende Situations- und Motivationsanalyse kann diese Zusammenhänge klären. Das spieltheoretische Modell setzt sie praktisch voraus und weist damit diese Aufgabe der Wirtschaftssoziologie zu.

Auch der durch vermehrte Anwendung formaler Planungstechniken eingeleitete Rationalisierungsprozeß von Wirtschaftsentscheidungen in der Praxis bedarf eingehenderer wirtschaftssoziologischer Analyse. Völlige Rationalität beruht auf völliger Umweltbeherrschung, also absoluter Datenkontrolle bzw. Dateninvarianz. Auch stochastische Entscheidungsmodelle setzen erhebliche Situationskontrolle voraus. Diese Bedingungen sind jedoch vom Ausmaß der sozialen Macht bzw. der sozialen Autonomie des Wirtschaftssubjekts abhängig. Auch konkurrieren häufig mehrere zweckrationale Entscheidungskriterien miteinander, und eine koordinierende, übergreifende Zielstruktur ist entweder nicht vorhanden oder wird erst im Verlauf des

Entscheidungsprozesses formuliert. Schließlich kann die Aufgabe einer Rationalisierung der Wirtschaftsentscheidungen überhaupt nicht auf individueller Basis gelöst werden, da das Ausmaß der Verhaltensrationalität vom Ausmaß der Rationalität übergreifender sozialer Strukturen bzw. Systeme abhängt.

III. Die Wirtschaftsinstitutionen

1. Allgemeine Strukturmerkmale

a) Die Arbeitsteilung

Eines der wichtigsten institutionellen Strukturmerkmale des Wirtschaftslebens ist die Gliederung nach Leistungsträgern und -funktionen. Sie hängt im wesentlichen vom jeweiligen Grad der Arbeitsteilung ab. Als „überwiegende und dauernde Anpassung der menschlichen Arbeitskräfte an bestimmte spezialisierte Aufgaben und Tätigkeiten"[1] ist diese seit den Anfängen geordneten menschlichen Zusammenlebens eine treibende Kraft der Wirtschaftsentwicklung und der sozialen Integration innerhalb einer Gesellschaft gewesen. Ursprünglich wahrscheinlich eine Aufgabenverteilung zwischen den für Jagd und Tierhege zuständigen Männern und den mit der Bodenbearbeitung beschäftigten Frauen, führte die Arbeitsteilung allmählich über diese primitive Produktionsteilung hinaus. Das Ergebnis war einerseits die produktionsfördernde Zerlegung der Arbeitsaufgaben in Teilverrichtungen und darauf aufbauend andererseits die Spezialisation der verschiedenen Tätigkeiten. Als Folge dieser Funktionsspaltung entstanden die ersten handwerklichen Berufe, die in sich geschlossene Arbeitskomplexe darstellen. Die zunehmende Differenzierung der Arbeit bewirkte, daß die Zahl

[1] Gustav Schmoller, Grundriß der Allgemeinen Volkswirtschaftslehre, Leipzig 1923, Bd. I, S. 350.

der zur Daseinsvorsorge notwendigen Arbeitskräfte wuchs und damit auch deren gegenseitige Abhängigkeit. An die Stelle des sich selbst versorgenden Haushalts traten mehr und mehr die auf Ackerbau, Jagd, Handwerk oder Handel spezialisierten Wirtschaftseinheiten. Die fortschreitende Arbeitsteilung ist somit eine Grundvoraussetzung für den Güteraustausch und damit auch für die Entstehung eines Wirtschaftskreislaufs. Sie bestimmt darüber hinaus auch wesentlich die jeweilige Gesellschaftsstruktur. Denn die soziale Differenzierung in der Familie, in der Gemeinde, innerhalb eines größeren Wirtschaftsgebiets, aber auch innerhalb der verschiedenen Berufe folgt der durch die Arbeitsteilung bewirkten wirtschaftlichen Funktionstrennung. Auch in der modernen industriellen Gesellschaft sind die von einem Individuum in seiner wirtschaftlichen Tätigkeit ausgeübten Funktionen ein konstituierendes Element seiner sozialen Stellung innerhalb der Gesellschaft.

Zu seiner klassisch gewordenen Doktorarbeit[1] hat *Emile Durkheim* nach der Form der Arbeitsteilung zwei grundsätzlich unterschiedene Gesellschaftstypen charakterisiert. Bei sehr geringer Arbeitsteilung, wie etwa bei den Naturvölkern, entsteht eine „mechanische" Solidarität, eine direkte Bindung der wenig individualisierten Gesellschaftsmitglieder an ihre Gesellschaft. Bei fortschreitender Arbeitsteilung hingegen entsteht „organische" Solidarität. Der gesellschaftliche Zusammenhang zwischen den Individuen wird durch intermediäre Instanzen vermittelt. Durkheim unterscheidet weiterhin zwischen einer „anomischen" und einer „erzwungenen" Arbeitsteilung, die im Verlaufe des Industrialisierungsprozesses auftreten und keine Solidarität schaffen.

Die vorwiegend handwerklichen Formen der Arbeitsteilung erfuhren durch den Fortschritt der Technik, durch die allmähliche Entwicklung von krafterzeugenden, kraftübertragenden

[1] Emile Durkheim, De la division du travail social, Paris 1893, S. 138 ff.

und Arbeitsmaschinen sowie durch den Fortschritt der Wirtschaftsorganisation, z. B. des Geldwesens, und durch die Zusammenführung verschiedener Arbeitsverrichtungen in Unternehmungen eine grundlegende Ergänzung. *Karl Bücher*, dem wir grundlegende wirtschaftssoziologische Analysen der Arbeitsteilung verdanken, hat diese „industrielle" Form als Arbeitsverschiebung gekennzeichnet. Hierunter wird neben der örtlichen Verlagerung der Arbeit von einer Produktionsstätte zur anderen vor allem die zeitliche Zurückschiebung eines Teils der Arbeit, der bisher der Erzeugung von Verbrauchsgütern diente, auf die Erzeugung von Produktionsmitteln verstanden. In der industriellen Arbeitswelt ist die Tätigkeit an und mit der Maschine weitgehend getrennt von der Herstellung der Maschine einerseits und der wirtschaftlichen Nutzung des Produkts andererseits. Die damit einhergehende „Entfremdung" des Menschen von seiner Arbeit und ihrem Produkt ist von *Marx* eingehend in ihren Konsequenzen untersucht worden. Durch die zunehmende Arbeitszerstückelung wird der zunächst individualisierende Charakter der Arbeitsteilung schließlich in den Anpassungsdruck der beliebig austauschbaren Teil- und Repetitivverrichtungen umgekehrt. Gleichzeitig tritt an die Stelle der primär integrierenden Kraft der Arbeitsteilung die desintegrierende Wirkung der vom einzelnen nicht mehr zu überschauenden und somit als anonym empfundenen Abhängigkeit innerhalb einer komplexen Wirtschaftsorganisation. Diese schon auf die frühen Sozialisten (*Fourier* u. a.) zurückgehende negative Beurteilung moderner Formen der Arbeitsteilung hat vor allem in den Jahren zwischen dem 1. und 2. Weltkrieg zu einer kulturkritischen Ideologisierung der Arbeitswelt unter dem Motto „Kampf um die Arbeitsfreude"[1] geführt. Die Beobachtungen von *Marx, Durkheim* u. a. wurden hierbei subjektiviert und

[1] Vgl. hierzu das gleichnamige Buch von Hendrik de Man, Jena 1927, sowie die Darstellung des gesamten Problembereichs bei Christian von Ferber, Kritik der Arbeitsfreude, Stuttgart 1959.

ästhetisiert. An die Stelle einer das gesamte gesellschaftliche Sein und Bewußtsein des Menschen umgreifenden, sein soziales Schicksal herausfordernden Analyse traten Feststellungen etwa der Art, daß die Seele des Menschen in Gefahr sei, wenn er keine Freude mehr an der Arbeit habe. Der hier zum Ausdruck kommende anthropologische Irrealismus, der den grundsätzlichen Mühecharakter der Arbeit verkennt und sich am Berufsideal einer rückwärts blickenden Bildungsschicht orientiert, ist ein typisches Beispiel für die Voraussetzungen soziologischer Fehlinterpretationen, die zu Vorurteilen und damit zur Isolierung bestimmter sozialer Schichten von wichtigen Aspekten des modernen Wirtschaftslebens führen.

Neuere Untersuchungen[1] haben demgegenüber in nüchternen Analysen industrieller Arbeitsvollzüge die Unhaltbarkeit des Mythos vom „entseelenden Fließband" bestätigt, zugleich aber auch die grundlegende Bedeutung der durch systematische Rationalisierung fortschreitend veränderten Formen moderner Arbeitsteilung für die Bewußtseinshaltung der Beteiligten erwiesen. Besondere Beachtung haben auch die sozialen Probleme bei Einführung der Automation, d. h. der Selbststeuerung von mechanisierten Arbeitsvorgängen, gefunden. Diese Verfahren führen zu neuen Formen der Arbeitsteilung, die über die Veränderung sozialer Bewertungsmaßstäbe der Tätigkeiten und der produzierten Güter das gesamte Wirtschafts- und Gesellschaftsleben beeinflussen werden.[2]

In der Gegenwart sind die Hauptbeeinflussungsfaktoren der Art und des Ausmaßes der Arbeitsteilung die jeweilige soziale Organisation der Gesellschaft (z. B. die vorhandene Berufsgliederung, die fachlichen Ausbildungsmöglichkeiten usw.), die

[1] Vgl. hierzu Popitz, Bahrdt, Jüres, Kesting, Technik und Industriearbeit, Tübingen 1957, und dies., Das Gesellschaftsbild des Arbeiters, Tübingen 1958, sowie meine Untersuchung: Die Soziallage der Chemiearbeiter, Neuwied 1969.

[2] Vgl. hierzu u. a. die materialreiche Darstellung von Friedrich Pollock, Automation, Frankfurt/M. 1956, sowie G. Friedrichs (Red.), Automation, Risiko und Chance. 2 Bde. Frankfurt/M. 1965.

Technik und die Marktverhältnisse (Struktur von Angebot und Nachfrage). Hinzu kommen die jeweils verfügbaren Produktivkräfte, d. h. die Gesamtheit der bei der Erstellung von Gütern beteiligten Faktoren. Es ist deshalb nur schwer möglich, einen verhältnismäßig hohen Grad der Arbeitsteilung in kurzer Zeit zu erreichen, indem die Zwischenstadien übersprungen werden. Jeder Stufe der Arbeitsteilung entspricht ein Stadium der Gesellschaftsentwicklung. Rasche Veränderungen der Arbeitsteilung haben revolutionäre soziale Auswirkungen, wie die Geschichte der Industrialisierung Europas bestätigt, und begegnen erheblichen Widerständen. Hierin liegt eine soziologisch bedingte Problematik der Expansion moderner Wirtschaftssysteme in den Bereich der sogenannten Entwicklungsländer und zugleich auch der Weiterentwicklung unserer eigenen Wirtschaftsordnung.[1]

b) Die Tauschorganisation

Ein zweites, die Art und Weise der Wirtschaftsabläufe konstituierendes Strukturmerkmal ist die jeweilige Organisation des Güter- und Leistungsaustauschs. Jeder wirtschaftliche Tauschvorgang dient dem Ausgleich von Nutzenerwartungen, denen in der Regel soziale Bewertungsmaßstäbe zugrunde liegen. Wenn diese Maßstäbe innerhalb einer Gesellschaft relativ konstant sind, können sich die Tauschpartner orientieren. Wo sie fehlen oder konfligieren, wie z. B. häufig am Arbeitsmarkt, sind Ergebnisse außerordentlich schwierig zu erzielen. Getauscht kann also nur werden, wenn vorher eine Bewertung der Tauschgegenstände stattgefunden hat. Für diesen Bewertungsvorgang sind nicht nur die unmittelbaren subjektiven Bedürfnisse und das Verhältnis von Angebot und Nachfrage maßgeblich, sondern zahlreiche, sich aus der jeweiligen Gesamtsituation, aus tradi-

[1] Diese These wurde neuerdings weiter ausgeführt und belegt durch F. Jánossy, Das Ende der Wirtschaftswunder (1966), Frankfurt/M 1968.

tionellen Bindungen usw. ergebende soziale Erwartungen. Wo Unsicherheit hinsichtlich ihrer Erfüllung besteht, z. B. bei Neulingen in einer Branche, ist es außerordentlich schwierig, in den Kreis der Tauschpartner aufgenommen zu werden. Hierauf beruht der Wert der „Geschäftsverbindungen".

Ursprünglich war das Finden jeder Tauschrelation, d. h. die Preisfestsetzung, ein sozialer Vorgang, der in einen streng institutionalisierten, teilweise geradezu ritualisierten Rahmen eingebettet war. Feststehende Rollennormen regelten das Verhalten der Käufer und Verkäufer. Auch in der Gegenwart finden wir nicht nur bei den Naturvölkern bzw. auf frühen Wirtschaftsstufen ein derartig zeremonielles Verhalten. Selbst und gerade an der Börse, der wohl abstraktesten und rationalisiertesten Form der Preisbildung, finden sich zahlreiche Bestimmungen (z. B. über die Zulassung der Makler), Gebräuche (z. B. besondere Kleidung, besondere Sprache) und Abmachungen, die den sozialen Charakter der Tauschvorgänge, ihre Einbettung in Sitte und Rechtsnormen, unterstreichen.

Wo mindestens zwei Tauschreflektanten um Tauschchancen konkurrieren, besteht ein Markt.[1] Als Zentren des Güter- und Leistungsaustauschs sind die Märkte diejenigen Institutionen arbeitsteiliger Wirtschaftsgesellschaften, die die verschiedenen Bereiche miteinander integrieren. Das jeweilige Ausmaß und die Struktur der Marktvorgänge bestimmen auch die in einem Wirtschaftssystem erreichte soziale Integrationsstufe. Die Analyse der Marktvorgänge führt deshalb zwangsläufig zur typologischen Kennzeichnung der jeweils bestehenden Wirtschaftsordnung und damit zu soziologisch relevanten Aussagen.

Ebenso wichtig wie die Untersuchung der Marktvorgänge ist aber auch das Studium der Marktausschaltung bzw. der Marktumgehung, d. h. all der Phänomene, die die Festsetzung der

[1] Vgl. Max Weber, Wirtschaft und Gesellschaft, Tübingen 1921/22, Bd. I, S. 364.

Tauschrelationen (Preise) und Tauschbedingungen der Einwirkung von Interessenten entziehen, sowie das Studium ihrer tatsächlichen Folgen. Hierbei handelt es sich stets auch um die Analyse sozialer Machtfaktoren und ihres jeweiligen Kontrollbereichs.

Entsprechend dem Integrationsniveau einer Wirtschaft können die Märkte sehr verschiedenartige Formen annehmen, ja sogar durch Funktionsübertragung auf andere Institutionen (z. B. eine Güter verteilende Zentralbehörde) teilweise oder ganz substituiert werden. Die empirische Feststellung des Umfangs derartiger Erscheinungen ist ein wirksames Korrektiv idealisierter und ideologisierter Auffassungen über ein bestehendes Wirtschaftssystem. Die von der Wirtschaftstheorie gelieferten Grundmodelle der vollständigen und freien Konkurrenz, sowie des Monopols, mit den entsprechenden Varianten können hierbei als begriffliches Bezugssystem für die Feststellung des Abweichungsgrads der realen Erscheinungen dienen.

Marktstruktur und Marktverhalten gehören zu den zentralen Forschungsobjekten jeder wirtschaftswissenschaftlichen Disziplin. Ihre wirtschaftssoziologische Analyse muß über eine modellhafte Systematik der Marktformen hinaus den tatsächlich vorhandenen institutionellen Rahmen und den realen Ablauf der Interaktionen der Marktpartner umfassen. Das ist bei konkreten Märkten (z. B. Wochenmarkt in einer Kleinstadt) einfacher als bei abstrakten Märkten, die oft keine raumzeitliche Konzentration aufweisen und durch ein Kontinuum von Tauschvorgängen gekennzeichnet sind. Aber auch hier kann sich der Soziologe nicht mit der bloßen Beobachtung, z. B. einer Statistik der Preisentwicklung, zufrieden geben, sondern muß eine Analyse der Beeinflussungsfaktoren, also einen Vorstoß in den sogenannten Datenkranz, vornehmen: „Das Preissystem kann heute selbst im sogenannten ‚wirtschaftlichen' Bereich ... nur als ein Fragment des dort herrschenden Systems der sozialen Kontrolle angesehen werden."[1] Einen ersten Ansatzpunkt für die umfassende Untersuchung des jeweiligen Ausmaßes sozialer Kontrolle bietet die von *Seidenfus* eingeführte Unterscheidung zwischen Anpassungsmärkten und strategischen Märkten.[2]

Max Weber hat darauf hingewiesen, daß das Marktverhalten den „Typus alles rationalen Gesellschaftshandelns" darstelle, weil rationale Zweckinteressen die Marktvorgänge in besonders hohem Maße bestimmen.[3] Dieser Verhaltenstendenz entgegen wirken jedoch mannigfache Umwelteinflüsse, die das Maß an Zweckrationalität vor allem bei denjenigen Marktpartnern mindern, in deren Verhaltensstruktur das Erwerbsmotiv mit ebenso starken anderen Motiven konkurriert. Der tatsächlich meßbare Erfolg rein zweckrationalen Marktverhaltens ist allerdings eine treibende Kraft auch in Richtung der Rationalisierung anderer gesellschaftlicher Institutionen. Dieser „Halo-Effekt" (Ausstrahlung auf andere Sozialbereiche) hat dazu geführt, den „idealen Markt" als universales Sozialmodell für die Gesamtgesellschaft vorzuschlagen. Diese oft ideologisierte Unterstellung liegt im positiven, gesellschaftsrechtfertigenden Sinn oder im negativen, gesellschaftskritischen Sinn vielen Aussagen über die „moderne Wirtschafts- und Erwerbsgesellschaft" zugrunde. Wenn auch immer wieder zu beobachten ist, wie am Markt ausgebildete rein zweckrationale Verhaltensweisen auf andere Sozialgebilde, z. B. die Familie, übertragen werden, so ist doch zu berücksichtigen, daß andererseits auch wertrationale oder emotionale Verhaltensweisen am Markt auftreten. Die Mannigfaltigkeit menschlicher Motivationsstrukturen ist ein Korrektiv, das gegen die rein zweckrationale Funktionalisierung aller Sozialgebilde nach dem Modell des Marktes wirkt.

[1] Hans Albert, Nationalökonomie als Soziologie, in: Kyklos, XIII (1960)
[2] Hellmut S. Seidenfus, Marktform und Marktverhalten, Tübingen 1960.
[3] a. a. O., S. 364 f.

Die Rationalität der Marktvorgänge wird durch einen wichtigen institutionellen Faktor wesentlich geprägt: durch das Geld. Bei Verwendung des Geldes tritt an die Stelle des Direkttauschs Ware gegen Ware bzw. Leistung die Vermittlung der Leistungsströme durch ein Medium, das als Tauschmittel und Wertmaßstab dient. Hierdurch wird eine fast unbegrenzte Ausdehnung und Rationalisierung der Tauschvorgänge ermöglicht. Als „Liquidationsmittel der Teilung der Arbeit" *(Rodbertus)* wird das Geld zu einem Hauptinstrument der Vergesellschaftung der einzelnen Wirtschaftssubjekte bei gleichzeitiger Ausweitung ihres individuellen Verfügungsspielraums. Die Tauschhandlung muß nicht mehr unmittelbar und sofort zwischen dem Anbieter und Nachfrager nach Gütern vollzogen werden, sondern kann an anderer Stelle und zu anderer Zeit beendet werden.

Die Entwicklung des Geldes spiegelt seine wachsende Funktionalisierung wider. An die Stelle der „dritten Ware", ursprünglich ein qualitativ und quantitativ leicht bestimmbares Wirtschaftsgut (Vieh, Eisenstäbe, Salz, Leder usw.), das nebenher mannigfaltigen sozialen Zwecken dienen kann (zur Repräsentation: Schmuck- und Hortgeld; im Kultus und zur Rechtspflege: Opfer- und Wergeld), tritt die reine Rechengröße, am ausgeprägtesten im Papier- und Giralgeld. Die wirtschaftliche Bedeutung des Geldes wird dann nicht mehr durch seinen Eigenwert als begehrtes Gut bestimmt, sondern lediglich durch seine Funktion als Liquiditätsträger und durch die Kaufkraft, die es repräsentiert.

Bemerkenswert ist, daß an der Entstehung des modernen Geldwesens soziale Grenzschichten der Bevölkerung in hohem Maße beteiligt gewesen sind. Der Handel mit Geld lag bei vielen Völkern ganz in der Hand der Fremden (reisende Händler), bestimmter ethnischer Minderheiten (Juden) oder in sich abgeschlossener Eliten (Patrizier). Der esoterische Charakter, den der Umgang mit Geld in einer noch vorwiegend durch den Naturaltausch gekennzeichneten Wirtschaft hatte, in der nur wenige, meist Luxusgüter, gegen Geld getauscht wurden, blieb auch unter modernen Bedingungen an ihm haften und erklärt manche psychologische Besonderheiten der Einstellung zum Geld bei verschiedenen Bevölkerungsschichten.

Die sozialen Wirkungen des Geldes sind äußerst mannigfaltig. Immer handelt es sich hierbei um Wechselbeziehungen zwischen den Funktionen des Geldes und der jeweiligen Gesellschaftsordnung. So sehr die Geldverfassung Ausdruck einer bestimmten Wirtschafts- und Gesellschaftsform ist, so sehr erweist sie sich auch als Mittel zu deren Umwandlung. Hierfür gibt z. B. die Einstellung der Revolutionsregierungen zum Geldwesen zahlreiche Illustrationen.

Als wohl wichtigste Wirkung des Geldes ist die Funktionalisierung und Rationalisierung der Wirtschaftsvorgänge anzuführen. Bei der Verwendung von Geld tritt an die Stelle des sachgebundenen Direkttauschs die marktabhängige, oft abstrakte Wertebewegung. Da Geld fast unbeschränkt verwertbar ist, wird es zum „absoluten Mittel", in dem sich alle Zwecke verkörpern können. Durch seinen Gebrauch werden alle Güter zur vergleichbaren Ware und verlieren im Tauschakt ihre Qualität zugunsten einer rein quantitativen Einschätzung: „Alles hat seinen Preis". Der vor allem bei den Naturvölkern und Völkern auf früher Entwicklungsstufe sichtbare soziale Charakter der Güterbewegungen wird zum rational abgewickelten „Geschäft". Das Geld schafft auch eine formale Gleichheit der Wirtschaftssubjekte im Tauschverkehr. Es hebt die Standesunterschiede auf oder ebnet sie wenigstens ein: Dem Geld sieht man nicht an, woher es kommt. So wird es wichtigstes Mittel des sozialen Aufstiegs. Persönliche Werte und die Motive der Zahlung werden im Zahlungsvorgang nicht sichtbar. Der Güteraustausch kann durch das Geld so von allen sozialen Nebenfunktionen befreit und auf seine rein wirtschaftliche Funktion reduziert werden, wodurch er sich aber gerade auch besonders wirksam gestalten läßt.

Das Geld trägt unablässig zur weiteren Differenzierung der Gesellschaft bei. Es ermöglicht die Herausbildung von zahlreichen Mittlerfunktionen zwischen Produzent und Verbraucher. Schon *Aristoteles* hat darauf hingewiesen[1], daß die Entstehung des Geldes mit der Bildung des Kaufmannsstandes und damit einer hauptsächlich durch Erwerbsstreben motivierten sozialen Schicht einhergeht.

Wichtig für die soziale Bedeutung des Geldes ist auch sein Symbolcharakter. Es verkörpert alle Sachwerte und ihre soziale Geltung. Dadurch kann sein Erwerb zum Selbstzweck werden, denn er bedeutet den Gewinn reiner Verfügungsmacht. Auch der Tausch wird hierdurch in vielen Fällen zum Selbstzweck und von der durch ihn auslösbaren Güterbewegung getrennt. Das zeigt sich am deutlichsten bei bestimmten spekulativen Börsenoperationen. Eine hohe Geldsumme kann auch zum Symbol für qualitative Merkmale werden: Eine Ware wird als qualitativ gut beurteilt, weil sie viel gekostet hat; das Ansehen eines Individuums bestimmt sich nach seinem Geldverdienst und nach seiner Kreditwürdigkeit. Dieses ständige Umschlagen von Quantität in Qualität und umgekehrt wird durch das Geld bewirkt.

Schließlich muß noch auf die Rolle des Geldes als Herrschaftsinstrument hingewiesen werden. Es ist in der modernen Wirtschaft ein wesentliches Mittel der Besitzverteilung. Ein Geldvermögen verleiht eine viel größere soziale Unabhängigkeit als der Sachbesitz und wird durch seine fast unbegrenzten Einsatzmöglichkeiten zu einem wichtigen Kontrollmittel wirtschaftlicher und politischer Macht. Dadurch, daß Geld den ungebundenen, absoluten Besitz ermöglicht, wird es selbst zum Symbol der kapitalistischen Erwerbsgesellschaft. Hierin – nicht nur in seiner wirtschaftlichen Funktion als Zinsträger – liegt auch der Ansatzpunkt der Sozialreformer, die die Abschaffung

[1] Vgl. Aristoteles, Politik und Staat der Athener (Hrsg. O. Gigon), Zürich 1955.

des Geldes oder die weitgehende Beschränkung seiner Funktionen forderten (*Cabet, Saint-Simon, Fourier, Weitling, Silvio Gesell* u. a.).

Das Geld ist wesentlicher Faktor bei der zunehmenden Dynamisierung der Wirtschaftsvorgänge, indem es den Gütertransfer erleichtert und den Einsatz wirtschaftlicher Mittel über räumliche und zeitliche Grenzen hinweg ermöglicht. Auch bei der sozialen Dynamisierung, die mit der Umwandlung der Feudalgesellschaft in die moderne Industriegesellschaft einherging, hat das Geld eine überragende Rolle gespielt, indem es als Emanzipationsinstrument sozial gebundener Schichten diente (z. B. Ablösung der Leibeigenschaft durch Geldzahlungen, Ämterkauf, Kauf von Adelspatenten). Auch in der Gegenwart ist diese Funktion spürbar. Manche Hausfrau zieht den Gelderwerb der Hausarbeit vor, denn „wer Geld verdient, kann mitreden".

So zeigt sich, daß das Geld gerade in seinen sozialen Funktionen ein konstituierendes Element der modernen pluralistischen Erwerbsgesellschaften ist, deren Entfaltung ohne die Funktionsfähigkeit des Geldes und der daran gebundenen Institutionen nicht möglich wäre. Wie in der modernen Gesellschaft die persönliche Freiheit durch den allgemeinen Konsensus hinsichtlich der Einhaltung formaler sozialer „Spielregeln" gewährleistet ist, so wird das Marktverhalten der Wirtschaftssubjekte durch das Medium des Geldes auch bei Diskrepanz der individuellen Zielsetzungen in Richtung auf den Nutzenausgleich formal integriert.

c) Die Verteilungsprinzipien

Die Formen der Aneignung von Gütern und Dienstleistungen, ihre Sanktionierung durch die Gesellschaft und die Mittel zur Aufrechterhaltung der geschaffenen Besitz-, Nutzungs- und Verfügungsrechte gehören zu den wichtigsten Strukturmerkmalen jeder Wirtschafts- und Sozialordnung. In der modernen Wirtschaft sind Eigentum und Einkommen die institutionellen Mittel zur Verteilung wirtschaftlicher Werte.

Die jeweilige Eigentumsverteilung und die sich aus dem Eigentum ergebenden sozialen und wirtschaftlichen Funktionen bestimmen das Netzwerk der Wirtschaftsbeziehungen auf grundlegende Weise. Je nachdem, ob die nutzbaren Güter natürlichen Personen uneingeschränkt als Privateigentum gehören, als Gemeineigentum den Wirtschaftssubjekten nur in Form von Nutzungsrechten zur Verfügung stehen oder ob die Eigentumsbestandteile zwar getrennten Besitz darstellen, aber genossenschaftlich verwaltet werden, bilden sich unterschiedliche Wirtschaftsformen heraus. Art und Weise der Abhängigkeit und Selbständigkeit im Wirtschaftsleben werden dadurch festgelegt.

Über die Entstehungsweise des Eigentums und seine Urformen vermittelt die ethnologische Feldforschung nur Anhaltspunkte. Die lange Zeit vertretene These eines primitiven Urkommunismus hat differenzierteren Vorstellungen Platz geben müssen. Während Grund und Boden bei den Naturvölkern in der Regel genossenschaftlich genutzt werden, stellen die Gegenstände des persönlichen Gebrauchs, sowie auch die Erzeugnisse eigener Arbeit meistens privates Sondereigentum dar, wobei allerdings zu berücksichtigen ist, daß es eine privatrechtliche Sanktionierung im modernen Sinne nicht gibt. Außerdem begründet das Eigentum in diesem Kulturstadium immer auch weitgehende Verpflichtungen gegenüber der größeren Gemeinschaft, z. B. der Großfamilie. So berichtet *Malinowski* von den Trobriand-Insulanern, daß dort gebaute Kanus Eigentum ihres Herstellers werden, dieser jedoch bei der Nutzung auf die jeweiligen Stammesbedürfnisse Rücksicht nimmt und seine Nachbarn daran beteiligt.

In dem Maße, in dem die wirtschaftliche Entwicklung voranschreitet, nimmt die Zahl der Dauergüter zu, wie auch mit dem Grad der Seßhaftigkeit die Bedeutung von Grund und Boden wächst. Als Primärursachen der Begründung von Eigentum kommen die Okkupation, die hauptsächlich bei Grundeigentum und Naturgütern anzutreffen ist, und die Arbeit in Frage. Hinzu kommen als Sekundärursachen bei Übertragbarkeit der Eigentumsrechte die Erbschaft, der Kauf und die Schenkung. Je mehr sich die Gesellschaft differenziert und je stärker friedliche oder kriegerische Überschichtungen stattfinden, desto ausgeprägter wird die Institution des Privateigentums, dessen Objekt auch Menschen werden können (Sklaverei). Unter dem Einfluß der Feudalherrschaft bildet sich eine weitgehende Trennung der Bevölkerung vom Grundeigentum heraus. Sie wird allerdings durch die oft nur indirekt geltend gemachten Rechte aus dem Obereigentum des Grundherrn und den dadurch ermöglichten Verfügungsspielraum der Bauern über ihr Untereigentum, das häufig wenigstens teilweise gemeinschaftlich bewirtschaftet wird, gemildert. Kennzeichnend für die Agrargesellschaften des Mittelalters ist die öffentlich-rechtliche Regelung der Eigentumsverhältnisse, aus denen sich trotz zahlreicher Mißstände ein Mindestmaß an Verpflichtungen des Grundherrn ergibt.

Die allgemeine unbeschränkte Verfügungsgewalt über das Privateigentum (Art. 17 der Déclaration des droits de l'homme et du citoyen, 1789) ist erst das Ergebnis des in der Neuzeit sich durchsetzenden Grundsatzes der Vertragsfreiheit. Die sozialen Bindungen des Eigentümers werden fast völlig beseitigt, wodurch zwar erst die Ausdehnung und Intensivierung marktmäßiger Wirtschaftsbeziehungen ermöglicht werden, gleichzeitig aber auch die soziale Gefährdung der abhängigen Bevölkerungsschichten unvertretbare Ausmaße annimmt.

Als Gegenreaktion ist seit der Mitte des 19. Jahrhunderts eine zunehmende Beschränkung der Eigentumsrechte festzustellen, um gesamtgesellschaftlichen Bedürfnissen nachzukommen. Bestimmte Bereiche des Privateigentums sind in vielen Staaten durch Sozialisierung in neue Formen des Gemeineigentums überführt bzw. der öffentlichen Kontrolle unterstellt worden.

Nach einer Periode der vorwiegend privatrechtlichen Behandlung des Eigentums treten jetzt öffentlich-rechtliche Gesichtspunkte auch in den nichtkommunistischen Ländern stärker in den Vordergrund.[1] Der Rechtsschutz des Privateigentümers wird jedoch in allen Verfassungen mehr oder weniger umfassend garantiert.

Die Sozialkritik der Neuzeit hat immer wieder die Institution des Privateigentums zu einem ihrer Hauptansatzpunkte gemacht (z. B. *Proudhon:* „Eigentum ist Diebstahl"). Ihre Vertreter stützten sich hierbei auf naturrechtliche Argumente, und dasselbe taten ihre Gegner, die mit naturrechtlichen Vorstellungen von unabdingbaren Rechten und Bedürfnissen des Menschen die bestehenden Eigentumsverhältnisse zu rechtfertigen suchten. Der Hintergrund dieser neuerdings in der Forderung nach einer breiten Eigentumsstreuung (Volkskapitalismus) und den noch nicht abgeschlossenen Sozialisierungsdiskussionen wiederauflebenden Gegenpositionen wird nur durch eine wirtschaftssoziologische Analyse der Funktionen des Eigentums deutlich.

Überragende Bedeutung für den Wirtschaftsablauf hat vor allem das Eigentum an den Produktionsmitteln. Wo seine unterschiedliche Verteilung rechtlich sanktioniert ist, wird auch die Einkommensverteilung und die Kaptialbildung einer Volkswirtschaft entsprechend institutionalisiert. Wer über keine Produktionsmittel verfügt und keine Spezialbegabung bzw. -ausbildung besitzt, muß eine unselbständige Arbeit aufnehmen. Die Gruppe der Produktionsmittel-Eigentümer hat also am Arbeitsmarkt ein Einkaufsmonopol *(Oppenheimer)*, das nur durch eine entsprechende Organisation der Arbeitnehmer (z. B. Gewerkschaften) neutralisiert werden kann. Gleichzeitig übt der Eigentümer auch auf anderen Märkten seine wirtschaftliche Macht dadurch aus, daß er einen breiteren Spielraum für Marktreaktionen hat als der Nichteigentümer. Die größere oder geringere

[1] Vgl. z. B. das Bonner Grundgesetz Art. 14, 2: „Eigentum verpflichtet".

Elastizität des Disponierens kann also auch Ergebnis der unterschiedlichen Eigentumsverteilung sein.

Die eigentumsrechtliche Trennung der Arbeitnehmer vom Produktionsapparat hat noch weiter reichende Folgen. Wer unselbständig tätig ist, hat keine Verfügungsgewalt über die Ergebnisse seiner Arbeit. Sie bleibt dem Eigentümer der verwendeten Produktionsmittel vorbehalten. Hier liegt der Ansatzpunkt der marxistischen Kapitalismus-Kritik: „Der Kapitalist (erhält) Reichtum, der Arbeiter nur einen Gebrauchswert, der in der Konsumtion erlischt... Eigentum erscheint... als Recht auf fremde Arbeit und als Unmöglichkeit der Arbeit, sich ihr eignes Produkt anzueignen."[1]

Schließlich vermittelt das Eigentum an den Produktionsmitteln seinem Träger ein abgeleitetes Einkommen, sei es, daß er das Eigentum selbst als Unternehmer wirtschaftlich nutzt, sei es, daß er es gegen entsprechende Zinszahlung ausleiht.

Die soziale und politische Bedeutung des Eigentums liegt aber vorwiegend darin, daß das Eigentumsrecht ein Herrschaftsverhältnis begründet. Die Gewalt über nutzbare Güter ist leicht in gesellschaftliche Macht transferierbar. Besteht eine „Eigentumssperre" bezüglich der Produktionsmittel, so entstehen dadurch soziale Spannungen zwischen Besitzenden und Nichtbesitzenden. So konstituieren für *Marx* die Eigentumsverhältnisse die Klassenlage und damit auch den Klassengegensatz, eine Beobachtung, deren weitgehende Richtigkeit sich für die Verhältnisse zur Mitte des 19. Jahrhunderts schwer widerlegen läßt. Bei der Beurteilung der gegenwärtigen Lage in den Industrieländern müssen allerdings wichtige Veränderungen in der Bedeutung der Eigentumsfunktionen berücksichtigt werden.

Während das Eigentum einerseits Macht und Herrschaft verleiht, bietet es andererseits auch wirtschaftliche Freiheit und Sicherheit für seinen Besitzer. Darin liegt seine große Bedeutung

[1] Karl Marx, Grundrisse der Kritik der politischen Ökonomie (1859), Berlin 1953, S. 202 und 362.

als Stabilisierungsfaktor des wirtschaftlichen Geschehens. So stellt *Schmoller* fest: „Der große Besitz verleiht dem Fähigen und Kräftigen eine gleichsam stillschweigende Herrschergewalt, ein Betätigungsfeld im Gebiete aller gesellschaftlichen Organisation, die in anderer, d. h. ganz freier, genossenschaftlicher Form Jahrhunderte und Jahrtausende lang nicht zu ähnlich großen Resultaten führte."[1] Dieser Förderung der wirtschaftlichen Initiative durch das Privateigentum steht andererseits die soziale und wirtschaftliche Ungleichheit gegenüber, die es schafft und institutionell verankert.

In den fortgeschrittenen Industriewirtschaften läßt sich ein augenfälliger Wandel der Eigentumsfunktionen beobachten. Er zeigt sich in einer weitgehenden Auflösung der Personalunion zwischen Eigentümer und Unternehmer. Die Tendenz zum Großbetrieb, vor allem der wachsende Kapitalbedarf bei Einführung technischer Neuerungen, haben zu einer Aufspaltung der Besitztitel an den Produktionsmitteln geführt (Aktiengesellschaft). In steigendem Maße wird der Produktionsapparat versachlicht und verselbständigt. An die Stelle des besitzenden Unternehmers tritt der vom Aufsichtsrat bestellte Manager. Eigentumskontrolle, Verfügungsgewalt und Nutzungsbefugnis werden voneinander getrennt und von verschiedenen Personenkreisen gehandhabt. Die Eigentumshierarchie und die Einkommenshierarchie entsprechen einander nicht mehr völlig. Die aus dem Eigentum erwachsenden Besitzeinkommen werden zu einem großen Teil durch den Staat nach sozialen Gesichtspunkten umverteilt. Gleichzeitig wird durch die Wirtschafts- und Sozialgesetzgebung die Eigentumsmacht wesentlich verringert. Dies alles führt dazu, daß die gesellschaftlichen Machtpositionen keineswegs mehr mit denen der Eigentümer an Produktionsmitteln identisch sind. Andererseits hat sich auch gezeigt, daß durch Überführung in „Volkseigentum" und durch

[1] a. a. O., Bd. I, S. 422.

andere Formen der Sozialisierung die wirtschaftlichen und sozialen Spannungen in den Industrieländern nicht automatisch behoben werden. Diese Tatsachen und Erfahrungen müssen bei der Diskussion über neue, der Gegenwart angemessene Eigentumsformen berücksichtigt werden.

Mit der Einschränkung der aus dem Eigentum entstehenden Rechte, dem Wandel seiner wirtschaftssoziologischen Funktionen, vor allem aber mit der außerordentlichen Zunahme abhängiger Arbeit hat die Einkommensstruktur entsprechend an Bedeutung gewonnen. Soziologisch bedeutsam sind hierbei nicht so sehr die theoretisch ableitbaren Funktionaleinkommen, sondern die Personaleinkommen, insbesondere der Lohn. Form und Ausmaß ihrer Differenzierung sind bedeutsame Indizes der jeweiligen Sozialstruktur, indem sie nicht nur die Marktposition der Einkommensträger (das Ausmaß ihres Entscheidungsspielraums infolge größerer oder geringerer Nachfrageelastizität), sondern auch ihre Lebenslage und damit zugleich ihre soziale Geltung festlegen.[1] Die Kenntnis der Bestimmungsgründe der Einkommensverteilung und -differenzierung ist deshalb außerordentlich wichtig für das Verständnis wirtschaftlicher und sozialer Vorgänge. Auf die Bedeutung des Eigentums, vor allem an Produktionsmitteln, wurde in diesem Zusammenhang schon eingegangen. Sein Einfluß reicht aber nicht zur Erklärung der modernen Einkommensstruktur aus, da die fehlende Eigentumsposition zum Teil durch organisierte Marktmacht ersetzt werden kann, wie die lohnpolitischen Erfolge der Gewerkschaften, aber auch die erfolgreiche Gehalts- bzw. Honorarpolitik zahlreicher Berufsverbände immer wieder beweisen.

Alle Faktoren, die Umfang und Elastizität des Angebots und der Nachfrage von personalen Wirtschaftsleistungen beeinflussen, wirken sich auf die Einkommensstruktur aus. Die relative

[1] Vgl. hierzu meine Untersuchung „Probleme der Lohnstruktur", Tübingen 1958, insbes. S. 48 ff.

Wirksamkeit dieser Faktoren ist eng von der bestehenden Sozialstruktur und den geltenden Bewertungsprinzipien abhängig. Diese Tatsache war Ausgangspunkt einer zu Beginn dieses Jahrhunderts lange diskutierten Streitfrage über den Vorrang von „Macht oder ökonomischem Gesetz" bei der Verteilung des Sozialprodukts. *Böhm-Bawerks* Hinweis auf die formale Gültigkeit wirtschaftlicher Ablaufgesetze auch bei stärksten Einflüssen außerwirtschaftlicher Macht hat damals die Wirtschaftstheorie gegen den Einbruch eines allgemeinen Soziologismus abgeschirmt. Gleichzeitig isolierte sich aber vor allem die Verteilungstheorie weitgehend von den Vorgängen in der sozialen Wirklichkeit, wie die endlosen und fruchtlosen Diskussionen über das „Zurechnungsproblem" erweisen.

Die wirtschaftssoziologische Untersuchung der Einkommensstruktur ist vor allem durch die mehr und mehr zutage tretende Unzulänglichkeit der Grenzproduktivitätstheorie bei der Erklärung der Lohnbildungsvorgänge angeregt worden. Für das Verständnis der Vorgänge am Arbeitsmarkt z. B. werden mit steigendem Lohnniveau und langfristiger Vollbeschäftigung die sozialen Arbeitsbedingungen (Freizeit, Betriebsklima, Aufstiegschancen, soziale Sicherheit) und die gesamtgesellschaftliche Situation der Arbeitnehmerschaft, wie sie sich in ihrem Bewußtsein und in ihrer Organisation in Interessengruppen spiegelt, immer bedeutungsvoller. Diese nicht nur ökonomischen Aspekte zeigen sich auch besonders stark bei der empirischen Analyse von Lohnverhandlungen, wie sie z. B. in Frankreich von *Tiano,* in den USA u. a. von *Shultz* vorgenommen worden sind (vgl. auch Kap. III, 5).

Die Probleme der Einkommensbildung und -verteilung sind stets in besonderem Maße außerwirtschaftlicher Bewertung ausgesetzt gewesen, wobei die verwendeten Maßstäbe die jeweiligen gesellschaftlichen Verhältnisse und den besonderen Standort des Bewertenden widerspiegeln. Dies wird besonders deutlich bei den Erörterungen über die „Lohngerechtigkeit".

Im Mittelalter galt weithin als „gerechter" Lohn dasjenige Arbeitsentgelt, das einen den herrschenden ständischen Vorstellungen entsprechenden angemessenen Lebensunterhalt garantierte. Diese Auffassung wirkte bis in die Anfänge der modernen Industriewirtschaft nach, wo an die Stelle des göttlichen Naturrechts die „natürliche Ordnung" trat und auf dieser Basis von den „lebensnotwendigen Aufwendungen" als Grundlage der Lohnbemessung gesprochen wurde. Mit der Auflösung ständischer Schichtung in einer emanzipierten und zunehmend dynamisierten Wirtschaftsgesellschaft und der Umwandlung des patriarchalisch gebundenen Arbeitsverhältnisses in das dem freien Spiel von Angebot und Nachfrage preisgegebene Lohnarbeitsverhältnis wurden diese traditionellen Auffassungen immer fragwürdiger bzw. unanwendbarer. So entstanden die Versuche, Lohngerechtigkeit rational zu begründen, etwa in der Weise, daß vom „marktgerechten", d. h. dem bei freier Konkurrenz zustande gekommenen Lohn, vom „leistungsgerechten", d. h. dem technisch meßbaren Aufwand entsprechenden Lohn, und schließlich vom gerechten Soziallohn gesprochen wurde, der entsprechend den sozialen Verpflichtungen im Lebenslauf (Familiengründung u. a.) gestaffelt sein sollte. Der Widerspruch, in dem diese drei Ansätze für eine gerechte Lohnbemessung bei ihrer Realisierung zueinander stehen, beruht auf der Unklarheit über den Inhalt der Gerechtigkeitsforderung. Wird sie mit rein wirtschaftlicher Zweckmäßigkeit gleichgesetzt, ist ihr Kriterium die Funktionsfähigkeit des Arbeitsmarktes. Wird sie als objektiv nachprüfbare Richtigkeit der Bemessung („gleicher Lohn für gleiche Arbeit") interpretiert, führt dies zwangsläufig zur Anwendung wissenschaftlich-exakter Messungen des Arbeitsaufwands. Steht hingegen die Lebenshaltung im Vordergrund, ist der Soziallohn das Ergebnis. In der Praxis wird versucht, alle drei Gesichtspunkte auf dem Wege des Kompromisses bei der Lohnfindung zur Geltung zu bringen. Schließlich ist es auch wichtig, ob Lohngerechtigkeit für eine Einzelperson, für eine soziale Gruppe oder für die gesamte Arbeitnehmerschaft angestrebt bzw. ob die einzelne Lohnrate oder das Lohnsystem als Ganzes betrachtet wird. Ist letzteres der Fall (z. B. Verteidigung des „Rechts auf den vollen Arbeitsertrag" oder Kampf um den gerechten Anteil am Sozialprodukt), so wird die Suche nach entsprechenden Maßstäben noch schwieriger und unterliegt der Gefahr ideologischer Begründungen, die die jeweilige Klassenlage reflektieren, wenn ihr Ergebnis nicht direkter Ausdruck der realen Machtkonstellation wird.

Es gibt wenige wirtschaftliche Vorgänge, die ebensosehr wie die Einkommensverteilung Gegenstand ideologisierter Polemik geworden sind. Die ausschlaggebende Bedeutung des absoluten und relativen Einkommensniveaus für die Interessenlage eines Individuums bzw. einer Gruppe führt fast zwangsläufig zu rechtfertigenden oder anklagenden Argumentationen. Zwischen der Scylla des quietistischen Glaubens an die „Marktgerechtigkeit" des automatischen Wirtschaftsablaufs und der Charybdis eines perfektionistischen Technizismus „leistungsgerechter" Einkommensbemessung einen Weg zu weisen, gleicht deshalb einer Sisyphusaufgabe. Ohne die durch wirtschaftssoziologische Kenntnisse vermittelte Einsicht in den Prozeß der Einkommensbildung als eines immer wieder von den Beteiligten eigenverantwortlich zu findenden Kompromisses zwischen Real- und Idealfaktoren wird diese Aufgabe nicht zu lösen sein.

2. Die Unternehmungen

Als finanziell und juristisch selbständige Organisationseinheiten zur gewinnbringenden Erstellung von Gütern bzw. Dienstleistungen unter Einsatz von Kapital sind die Unternehmungen ein typisches Merkmal der modernen industriellen Wirtschaftsgesellschaft. Gegenüber den mehr oder weniger auf Handel und Transport beschränkten frühkapitalistischen Unternehmungen erstreckt sich in der Gegenwart der Kapitaleinsatz nur noch selten auf reine Güterinvestitionen. Im Mittelpunkt steht die Erstellung und Nutzung von Fertigungseinrichtungen. Sie bilden den Kern der Betriebe, die durch planmäßige Zusammenfassung von Arbeitsmitteln und Arbeitskräften zu einem nach technischen, wirtschaftlichen und sozialen Gesichtspunkten organisierten Leistungsgefüge gekennzeichnet sind, das der kontinuierlichen Erfüllung spezifischer Wirtschaftsaufgaben dient.

Wenn auch die Betriebe in den meisten Fällen das Kernstück der Unternehmungen sind, so erschöpft sich jedoch die Aufgabe der Unternehmensführung keineswegs im Einsatz und in der richtigen Kombination der Produktionsmittel.[1] Sie ist im wesentlichen marktorientiert, d. h. auf die Beziehungen zu den Marktpartnern (Kreditgeber, Zulieferer, Absatzagenten, Verbraucher) gerichtet. Häufig sind Betriebsleitung und Unternehmensführung personell und institutionell voneinander getrennt und lediglich durch Finanz- und Produktionspläne und deren Kontrolle miteinander verbunden. Es gibt auch zahlreiche Unternehmungen ohne eigene Betriebe, vor allem auf dem Dienstleistungssektor. Allerdings zeigt sich mit fortschreitender Rationalisierung der Bürotätigkeit auch auf diesem Gebiet die Tendenz zur Entstehung betriebsartiger Leistungsgefüge (z. B. EDV-Anlage einer Großbank).

a) Strukturwandel der Unternehmungen

Die Selbständigkeit der Unternehmung bei der Wahl und Verwirklichung ihrer Zielsetzung ist ein Ergebnis der liberalistischen und individualistischen Auffassungen des 18. Jahrhunderts. An die Stelle der vorher gegebenen Bindungen an gesamtgesellschaftliche Verhaltensnormen (traditionelle Bedarfsdeckung, Zunftordnungen usw.) trat die Autonomie des Wirtschaftssubjekts, dessen Verhalten eigengesetzlich. d. h. lediglich der Wirtschaftslogik unterworfen sein sollte. Diese in den Prinzipien der Gewerbe- und Vertragsfreiheit institutionalisierten Auffassungen boten die Grundlage für eine wissenschaftliche Analyse des Unternehmerverhaltens, wie sie uns in der klassischen Theorie begegnet.

Den damaligen Verhältnissen entsprechend wird hier die Unternehmung durch ihren Eigentümer, den persönlich haften-

[1] Dies behauptet z. B. noch H. von Stackelberg, Grundlagen der theoretischen Volkswirtschaftslehre, Bern 1948, S. 18.

den Unternehmer, repräsentiert. Ihm stellt der Markt die Aufgabe, so schnell, gut, billig und reichlich wie möglich zu produzieren. Hierbei läßt er sich in seinen Entscheidungen von den für ihn unabänderlich feststehenden Marktdaten leiten. Aktionsparameter sind der Kapitaleinsatz (Investition), Art und Umfang der Produktion und die Anpassung der Kosten an den Marktpreis. Da als einziges Motiv der Erwerbstrieb gilt, erfolgen diese Entscheidungen zwangsläufig nach dem Gewinnmaximierungsprinzip. So konnte *Karl Marx* mit Recht den Unternehmer seiner Zeit wie folgt charakterisieren:

„Der Gebrauchswert ist ... nie als unmittelbarer Zweck des Kapitalisten zu behandeln. Auch nicht der einzelne Gewinn, sondern nur die rastlose Bewegung des Gewinnens. Dieser absolute Bereicherungstrieb, diese leidenschaftliche Jagd auf den Wert ist dem Kapitalisten mit dem Schatzbildner gemein, aber während der Schatzbildner nur der verrückte Kapitalist, ist der Kapitalist der rationelle Schatzbildner. Die rastlose Vermehrung des Werts, die der Schatzbildner anstrebt, indem er das Geld vor der Zirkulation zu retten sucht, erreicht der klügere Kapitalist, indem er es stets von neuem der Zirkulation preisgibt."[1]

Als Prämie für die marktwirtschaftlich richtige Lösung seiner Aufgabe (schöpferische Kombination und Einsatz der Produktionsfaktoren) erhielt der Unternehmer einen Differentialgewinn, der aber bei bestehendem Konkurrenzdruck nur vorübergehend sein konnte. Das Verhalten des Unternehmers war also einmal durch zweckrationale Entscheidungen auf der Basis des Profitmotivs, zum anderen durch die Wirkungen des Marktautomatismus determiniert. Im Grunde waren seine Entscheidungen auf die Marktdaten bezogene soziale Anpassungsmechanismen.

Die Dynamik der wirtschaftlichen Entwicklung veränderte die Determinanten des Unternehmerverhaltens und der Unternehmenspolitik grundlegend. Der technische Fortschritt (Rationalisierung, Übergang von der Kleinserie zur Großserie) erforderte eine immer größere und langfristigere Kapitalbindung und

[1] Karl Marx. Das Kapital, Berlin 1951, Bd. I, S. 160/161.

damit ein wachsendes Investitionsrisiko. Die modernen Kapitalgesellschaften, vor allem die Aktiengesellschaft, boten eine institutionelle Form, die durch das Prinzip der begrenzten Haftung, durch den leichteren Zugang zum Kapitalmarkt und die damit gegebene größere Beweglichkeit des Investitionskapitals sowie durch die besser gewahrte Kontinuität des Unternehmens diesen Veränderungen Rechnung trug. Gleichzeitig bot die immer stärker zutage tretende Instabilität der Marktstrukturen die Möglichkeit, das reine Anpassungsverhalten zugunsten strategischer Entscheidungen aufzugeben und langfristig die eigene Marktposition zu konsolidieren. Die ebenfalls immer stärker werdende Interdependenz der Märkte untereinander und des Wirtschaftssektors mit anderen Sozialbereichen führte darüber hinaus zu einer Funktionsausweitung des erfolgreichen Unternehmers, insbesondere auf wirtschafts- und sozialpolitischem Gebiet. Ihr entsprach eine fortschreitende Funktionsdifferenzierung in den Unternehmen selbst (Entstehung von Spezialistenabteilungen und -stäben).

Wir treffen in der Blütezeit des Kapitalismus dementsprechend einen Unternehmertyp, der das Ungleichgewicht des Wirtschaftssystems zu strategischen Eingriffen ausnützt, die eine Erweiterung der Differentialgewinne und eine Expansion des eigenen Geschäfts zur Folge haben. Endziel ist hierbei die Kontrolle eines wesentlichen Marktsektors bzw. eines Industriezweiges.[1] Die angewandten Mittel sind so vielfältig wie die Daten, die eine jeweilige Marktstruktur bestimmen. Die Zeit, in der die Preis-Mengenfestsetzung der einzige Aktionsparameter der Unternehmerentscheidung war, ist längst vorbei. Auch das vorwiegend produktionstechnische Interesse der „Pionierzeit" hat sich verschoben. Die „captains of industry" handeln ganz als industrielle Staatsmänner. Ihr wesentliches Kontrollinstrument sind die Finanztransaktionen. In den Mittelpunkt des

[1] Thorstein Veblen hat in seinem Buch: The Theory of Business Enterprise, New York 1904, diesen Unternehmertyp klassisch beschrieben.

Interesses tritt immer mehr die finanzielle Koordinierung. Die wirtschaftlich-technische Betriebsleitung wird besonderen Angestellten überlassen. Deutlich wird zwischen Führung (unumschränkte Anordnungsmacht) und Leitung (Weisungsbefugnis im Rahmen funktionell abgegrenzter Arbeitsgebiete) unterschieden. Wenn auch der 100 %ige Unternehmensbesitz angesichts des außerordentlich großen Kapitalbedarfs – der meistens nur durch Aktiengesellschaften zu befriedigen ist – selten verwirklicht wird, ist der Unternehmer dennoch Kontrolleur des Unternehmens auf Grund einer Mehrheitsbeteiligung oder einer qualifizierten Aktienminderheit, d. h. kraft seines Eigentumsrechts.

Sobald ein bestimmter, je nach der Branche unterschiedlicher Expansionsgrad erreicht ist, d. h. die Marktmöglichkeiten in diesem Wirtschaftssektor weitgehend ausgeschöpft sind, wandelt sich die Struktur des Unternehmens und mit ihr das Unternehmensverhalten erneut. Die erfolgte Marktaufteilung erschwert eine expansive Politik immer mehr. Es beginnt die Phase der intensiven Unternehmensführung. Rationalisierungsmaßnahmen werden verstärkt in die Wege geleitet, die Betriebsführung wird verwissenschaftlicht. Die größere Stabilität der Unternehmensentwicklung erhöht die Bedeutung einer Bekämpfung des Arbeitsplatzwechsels und führt zum systematischen Aufbau einer Stammbelegschaft. Damit entsteht die Möglichkeit einer differenzierten sozialen Strukturierung der Unternehmung, die in der Ausarbeitung eines festen Organisationsplans und der Kodifizierung von Verhaltensregeln ihren epochalen Ausdruck findet. Gleichzeitig wird das Eigengewicht der technischen Fertigungseinrichtungen so stark, die Kapitalbindung so groß, daß mit Rücksicht auf das Kapazitätsproblem (Fixkostendruck) die gesamte Unternehmenspolitik den Charakter langfristiger Planung annimmt. Die Marktdynamik wird auch aus innerbetrieblichen Gründen zu kontrollieren versucht. Der Raum für Initiativentscheidungen schwindet zugunsten von sorgfältig vorbereiteten Kollektiventschlüssen, die durch eine Ausweitung der Unternehmensspitze zum Direktorium organisatorisch ermöglicht werden.

Dieser strukturelle Wandel, der seit Beginn dieses Jahrhunderts in den hochindustrialisierten Ländern innerhalb der gut entwickelten Industriezweige immer stärker sichtbar wird, führt zu einer Zurückdrängung des Unternehmertyps der Gründungs- und der Expansionszeit. An seine Stelle tritt der Organisator und Koordinator, der als primus inter pares einem Kollegium von Direktoren vorsteht. Gleichzeitig tritt eine weitgehende Trennung zwischen dem meist weit gestreuten Unternehmenseigentum und der Exekutivgewalt ein. Diese Geburtsstunde des Managers leitet den Beginn einer vorsichtigeren, umfassender planenden Unternehmenspolitik ein. Das etablierte Unternehmen sucht die Risiken systematisch zu verringern. Immer stärker werden die verschiedenen Entscheidungsbereiche funktionalisiert, d. h. nach rein sachlichen Gesichtspunkten organisiert und durch Bürokratisierung überschaubar und kontrollierbar gemacht. An die Stelle der direkten, autoritativen Weisung tritt die gemeinschaftliche Problemlösung in zahlreichen Konferenzen, die den inneren Zusammenhalt des Unternehmens stützen sollen. Der Prozeß der Funktionalisierung wird begleitet vom Vordringen des systematisch geschulten „Fachmanns", von der allmählichen Akademisierung der betrieblichen Führungsschicht.

Wenn keine wesentlichen Änderungen der Produktionsverfahren eintreten und das Marktvolumen begrenzt ist bzw. die Marktsättigung nur noch eine Deckung des Ersatzbedarfs offen läßt, beginnt die Endphase der Unternehmensentwicklung. Mehr und mehr tritt die durchdachte Verwaltung der Betriebsanlagen und die Leitung der Arbeitskräfte in den Vordergrund. Das unternehmerische Wagnis spielt gegenüber den Problemen des reibungslosen Ablaufs eine untergeordnete Rolle. Es ist zudem durch Versicherungen, staatliche Garantien usw. weitgehend abgedeckt. Spezialisierte Fachleute haben die Führung des

Unternehmens übernommen, und das vordringlichste Problem besteht darin, die verschiedenen Ressorts zu koordinieren. Das Unternehmen wird zur „Produktionsbehörde“ mit entsprechendem „Beamtenapparat“.

Es wäre falsch, diese strukturelle Entwicklung der Unternehmungen vom Gründungsstadium über die Expansionsphase und die Konsolidierungsperiode bis zur Stagnationsphase mit der Entwicklung des modernen Wirtschaftssystems zu identifizieren, wenn auch einige bemerkenswerte Übereinstimmungen bestehen, auf die im Kapitel IV näher eingegangen werden soll. In jedem Abschnitt der wirtschaftlichen Entwicklung treten neue Unternehmungen auf, bilden sich neue Branchen, so daß das Gesamtbild zu jeder Zeit Unternehmungen in den verschiedenen Phasen enthält. Bisweilen durchläuft auch ein Unternehmen eine zweite Gründungs- bzw. Expansionszeit, wodurch das Bild noch differenzierter wird. Der Entwicklungszeitraum wird dabei neben den wirtschaftlich-technischen Gegebenheiten (Marktstruktur, Fortschritt der Fertigung von der Einzel- über die Klein- und Großserien- bis zur Massenproduktion) auch von der unterschiedlichen Unternehmensgröße (Klein-, Mittel-, Großbetriebe) beeinflußt. Wesentlich ist jedoch, daß Zielsetzung und Verhaltensweisen der Unternehmen bzw. ihrer Repräsentanten sowohl an die innere Struktur der Unternehmen selbst, als auch an die Struktur des betreffenden Wirtschaftssektors gebunden sind. Beide sind einem ständigen sozialen Wechsel unterworfen. Diese wirtschaftssoziologische Erkenntnis legt nahe, auch in der Wirtschaftstheorie nicht mehr von „dem“ Unternehmer eines bestimmten Modells zu sprechen, sondern der sozialökonomischen Dynamik in geeigneter Weise Rechnung zu tragen, um zu situationsadaequaten Verhaltensanalysen zu gelangen. Die Analyse zeigt gleichzeitig, daß der universelle Gebrauch des Begriffs „Unternehmer“ für die Unternehmensspitze angesichts der vielschichtigen Wirklichkeit einer differenzierenden Betrachtungsweise Platz machen sollte.

b) Soziale Dimensionen des unternehmerischen Entscheidungsfelds

Die typologische Analyse des Strukturwandels der Unternehmungen ist durch systematische Untersuchungen des Unternehmensverhaltens zu ergänzen. Hierbei kommt es darauf an, die verschiedenen sozialen Dimensionen des Entscheidungsfeldes sowohl qualitativ als auch quantitativ zu bestimmen. Das Interesse an derartigen morphologischen Studien hat – angeregt durch Erfahrungen im militärischen Bereich des zweiten Weltkriegs – vor allem in den USA ständig zugenommen. Befragungen teilweise repräsentativen Charakters (*M. J. Bowman, G. Katona, J. R. Meyer* und *E. Kuh,* neuerdings auch *E. Gutenberg*), Einzelfallstudien (z. B. von *R. M. Cyert, H. A. Simon* und *D. B. Trow*) und Experimente mit verschiedenen Bezugssystemen (*D. Davidson* und *P. Suppes*) sind die häufigsten hierbei verwandten Methoden. Unter dem vieldeutigen Begriff „Operations Research" (Planungs-, Verfahrens-, Ablaufforschung) wird die Konstruktion und Auswertung teilweise empirisch fundierter, teilweise abstrakt-logischer Entscheidungsmodelle zusammengefaßt. Die Aufgabe des Wirtschaftssoziologen in diesen nur durch Teamarbeit zu verwirklichenden Projekten besteht darin, wirklichkeitsadaequate Aussagen über die möglichen Verhaltensstrukturen zu machen, die sozialen Komponenten des Entscheidungsfeldes zu bestimmen und den Ablauf des Entscheidungsprozesses festzustellen.

Wie in Kapitel II, 2 und 3 beschrieben, sind die soziologisch relevanten Komponenten eines wirtschaftlichen Entscheidungsprozesses die Motivationsstruktur, von der Zielsetzung und Erwartungen abhängen, sowie die subjektiv wahrnehmbare Situationsstruktur.

Katona hat darauf hingewiesen, daß schon hinsichtlich der *Motivation* der Unternehmensführung eine globale Bezugnahme auf das Gewinnstreben nicht ausreicht.[1] Es muß vielmehr gefragt werden, was den Beteiligten als Gewinn erscheint bzw. welche Art des Gewinns sie vorziehen. Es ist auch wichtig, welchen Zeitraum die Gewinnerwartungen umfassen. Alle diese Überlegungen werden u. a. von dem Entwicklungsstadium beeinflußt, in dem sich das jeweilige Unternehmen befindet, von der Unternehmensstruktur (Klein-, Mittel- oder Großbetrieb, anlageintensiver oder arbeitsintensiver Betrieb) und auch von der Normvorstellungen der Unternehmensführung, die wesentlich von der Eigentumsstruktur des betreffenden Unternehmens abhängen.

So ist z. B. die Dividendenpolitik einer großen Aktiengesellschaft die Resultante aus betriebsgebundener Sachorientierung (Investitionsvorhaben, Rücklagenbildung), steuertechnischen Erwägungen, der Einflußstärke der Aktionäre, dem Zinssatz für langfristige Kapitalanlagen und der branchenüblichen Dividendenhöhe. Es wurde festgestellt, daß das Gewinnmotiv um so stärker in den Vordergrund tritt, je schlechter die Geschäftslage ist, weil dann die Unternehmensführung ihre Fähigkeit um so mehr „beweisen" muß *(Katona)*. Sonst tritt jedoch das Ziel einer höchstmöglichen Dividende immer stärker hinter marktpolitischen Erwägungen zurück, die sich z. B. auf die Umsatzsteigerung bzw. die Vergrößerung des Marktanteils durch Kapazitätserweiterung erstrecken. Gegenüber diesen entscheidenden Überlegungen entspricht die Festlegung der Dividende mehr oder weniger gewohnheitsmäßigen Erwartungen, die der Vergangenheit oder der Einschätzung der allgemeinen Wirtschaftslage entstammen. Auch das Problem der öffentlichen Meinung spielt eine Rolle („sozial angemessener Gewinn").

Neben dem Wunsch nach Gewinnmaximierung gibt es insbesondere bei kurzfristigen Überlegungen zahlreiche konkurrierende Motive, die dem Verhaltensspielraum von der Konformität mit dem branchenüblichen Verhalten bis zur bewußten Machtpolitik des Außenseiters entsprechen.

[1] Vgl. hierzu auch A. Lauterbach, Mensch-Motive-Geld, Stuttgart und Düsseldorf 1957.

Neuerdings ist vor allem auch der dynamische Aspekt der unternehmerischen Zielsetzungen hervorgehoben worden, der die traditionellen Gewinnvorstellungen abwandelt. Die Zukunftserwartungen bestimmen das Verhalten oft stärker als die Wirtschaftlichkeitsrechnungen auf Grund der Gegenwartslage. Denn „der Erfolg der Unternehmung ist sehr oft nicht so sehr das Ergebnis vollkommen richtiger Schätzungen einer für Gewinnmaximierung auf Grund gegenwärtig gegebener Daten optimalen Produktionsmenge und Preisstellung für konventionelle Produkte, die in gewohnter Weise hergestellt wurden, als vielmehr das Ergebnis verbesserter neuer Produktions- und Verkaufsmethoden, der Entwicklung neuer Märkte und Produkte."[1]

Die *Situation* stellt sich der Unternehmensführung stets mehr oder weniger bewußt als ein soziales Kraftfeld dar, dessen verschiedene Pole unterschiedlich beeinflußt werden können und je nach der Problemlage unterschiedliches Gewicht haben. Hierbei spielen vier soziale Gruppen eine besonders wichtige Rolle:

1. die Marktpartner (Zulieferer, Absatzagenten, Verbraucher);
2. die Belegschaft, die in sich selbst wieder eine komplizierte Gruppenstruktur aufweist;
3. die Eigentümer (Aktionäre) und die Kreditgeber;
4. soziale Interessengruppen, die die öffentliche Meinung beeinflussen, sowie staatliche Instanzen.

Das Verhältnis zu den Marktpartnern wird wirtschaftlich durch den Marktanteil der Konkurrenten und durch die jeweilige Angebotselastizität der Zulieferer bzw. die Nachfrageelastizität der Abnehmer bestimmt. Wenn man bedenkt, daß ein modernes Großunternehmen meist viele Tausende von Zulieferfirmen und oft Millionen von Kunden hat, so ist daraus

[1] Herbert von Beckerath, Großindustrie und Gesellschaftsordnung, Tübingen 1954, S. 88.

die Kompliziertheit der wechselseitigen Marktverflechtungen ersichtlich. So wird der häufige Versuch verständlich, durch eine größere Fertigungstiefe die Zahl der Zulieferfirmen einzuschränken bzw. durch eigene Verkaufsorganisationen die Absatzagenten wenn nicht auszuschalten, so doch wenigstens zu kontrollieren. Dieser Wunsch, durch vertikale Konzentration die Marktbeziehungen zu beeinflussen, der durch produktionstechnische Erfordernisse (z. B. Verbundproduktion) noch verstärkt wird, findet allerdings seine Grenze in der ständig wachsenden und sich verschiebenden Arbeitsteilung.

Die Beziehungen zu den Marktpartnern sind in den seltensten Fällen zufällig. Meist zeigen sie eine relativ feste organisatorische Struktur. Hierzu gehören z. B. langfristige Lieferverträge, Garantieverpflichtungen und Kundendienstzusagen, verschiedene Formen der Absatzfinanzierung usw. Im Vordergrund des Unternehmensinteresses steht hierbei meist nicht die restlose Ausnützung kurzfristig sich ergebender Marktchancen, sondern die kontinuierliche Weiterentwicklung der wechselseitigen Bindungen.

Das Verhältnis der Unternehmungsführung zur Belegschaft wird durch den Wunsch bestimmt, Planung, Anordnung, Durchführung und Kontrolle der verschiedenen Arbeitsabläufe möglichst reibungslos miteinander zu koordinieren. Hierzu dient die formale Strukturierung der Arbeitsbeziehungen, die nach Funktionen und Vollmachten vorgenommen wird. Der vertikale Aufbau des Unternehmens nimmt damit die Züge einer Weisungshierarchie an, in die bestimmte Spezialistenpositionen (Stabs- und Forschungsstellen) eingelagert sind. Der horizontale Aufbau zeigt die verschiedenen Arbeitsgruppen bzw. -gefüge, die allerdings durch Spezialisierung nach Tätigkeitsbereichen (Einkauf, Produktion, Verkauf usw.) voneinander getrennt sind.

Neben der betrieblichen Formalstruktur gibt es eine unübersehbare Fülle von informalen, d. h. nicht an den Betriebszweck gebundenen sozialen Beziehungen, die die Organisationsstruktur nicht unwesentlich abwandeln. Hinzu kommt die prinzipielle Offenheit des Betriebes für außerbetriebliche Einflüsse.

Aus dieser komplizierten Sozialstruktur jedes Unternehmens wird ersichtlich, daß die Führungsprobleme ebenfalls sehr komplexer Natur sind. Die Entstehung der Betriebssoziologie und ihre organisationssoziologische Fortentwicklung sind zu einem großen Teil auf diesen Umstand zurückzuführen.[1]

Die besondere Problematik der Führungsaufgabe liegt darin, daß der betriebsnotwendige Zwangscharakter der Arbeitsverrichtungen eine vollständige Anpassung der Belegschaft an die Ziele der Unternehmensführung unmöglich macht. Der hierarchischen Gliederung entspricht eine Gliederung der Interessenlagen, die sich in der Institution des Betriebsrats, der Belegschaftsvertretung, offiziell manifestiert. So entsteht immer wieder neu die Aufgabe, die in der Betriebsstruktur immanenten sozialen Widerstände auf der Basis sachorientierter Zusammenarbeit zu überwinden. Es ist offensichtlich, daß hierbei häufig ein Kompromiß zwischen technisch-wirtschaftlichen Gesichtspunkten und sozialen Argumenten geschlossen werden muß.

Je größer das Unternehmen ist, desto mehr wird seine interne soziale Organisation zur vordringlichen Aufgabe der Unternehmensführung: Die Festlegung und Integration der sozialen Rollen unter Berücksichtigung der unterschiedlichen Motivationsstrukturen und Interessenlagen wird mitentscheidend für den Unternehmenserfolg.

Der Gruppe der Eigentümer steht als einziger eine umfassende Kontrollbefugnis gegenüber der Unternehmensführung zu (falls nicht Unternehmer und Eigentümer identisch sind). Praktisch ist jedoch zum mindesten bei den großen Aktien-

[1] Zur Einführung in das Gebiet der Betriebssoziologie vgl. Wolfram Burisch, Industrie- und Betriebssoziologie, Sammlung Göschen Bd. 103/103 a, Berlin 1969 sowie mein Buch: Grundfragen der Betriebssoziologie, Köln und Opladen 1964.

gesellschaften mit breiter Aktienstreuung der einzelne Anteilseigner durch Delegation seiner Überwachungsfunktion an die Mitglieder des Aufsichtsrats de facto mehr oder weniger in der Rolle eines privilegierten Kreditgebers, d. h. sein Kontakt mit der Unternehmensführung ist denkbar gering. Um so wichtiger wird die Rolle des Aufsichtsrats, dem gegenüber die Unternehmensführung verantwortlich ist. In seiner Zusammensetzung zeichnet sich die Tendenz ab, über den Kreis der Eigentümer und Kreditgeber (Banken) hinaus Repräsentanten der Arbeitnehmerschaft (Mitbestimmung) und gelegentlich auch Personen mit einzuschalten, die treuhänderisch das öffentliche Interesse vertreten.

Je stärker die gesamtgesellschaftliche Interdependenz der Unternehmensentscheidungen hervortritt, desto wichtiger wird für die Unternehmensführung eine möglichst umfassende Kenntnis der sozialen Interessengruppen, die in irgendeiner direkten oder indirekten Weise die Unternehmenslage beeinflussen können. Das kann einmal ein Hausfrauenverband sein, das andere Mal eine Fraktion im Stadtrat, die über die Vergebung von Bauland zu beschließen hat, oder die Lehrerschaft, die die zukünftigen Werkangehörigen erzieht. Die Einrichtung besonderer Public-Relations-Abteilungen zeigt die Bedeutung der Pflege außerbetrieblicher sozialer Kontakte. Darüber hinaus gibt es jedoch noch eine Fülle sozial- und wirtschaftspolitischer Ausschüsse und Verbände sowie staatlicher Gremien, an deren Tätigkeit die Unternehmensführung mehr oder weniger direkt interessiert sein muß, weil hier wichtige Vorentscheidungen über die zukünftige Struktur des eigenen Entscheidungsfeldes fallen können.

Diese kurze Skizzierung der wichtigsten Situationsmerkmale, die von den Unternehmensführungen – abgesehen von technisch-wirtschaftlichen Detailüberlegungen – ständig beachtet werden müssen, zeigt, wie komplex und wie schwierig Planung und Durchführung der Unternehmenspolitik geworden sind. Auch

Überlegungen technisch-organisatorischer Art und Wirtschaftlichkeitsberechnungen berühren stets einen oder mehrere Pole des sozialen Kraftfeldes, in dem sich das Unternehmen befindet. Die vorhandenen und möglichen Reaktionsweisen aller auf das soziale Entscheidungsfeld einwirkenden Kräfte müssen deshalb möglichst umfassend berücksichtigt werden. Denn die Durchführbarkeit des getroffenen Entschlusses hängt neben der technisch-wirtschaftlichen Vertretbarkeit in hohem Grade von der Bereitschaft der betroffenen sozialen Gruppe ab, die Entscheidung anzuerkennen und zu stützen.

Die Multidimensionalität des unternehmerischen Entscheidungsfeldes wirkt auch auf die Verhaltensmotivierung der Entscheidungsträger zurück. So ergeben sich für jede der beschriebenen Gruppenbeziehungen bestimmte Zielvorstellungen.

Gegenüber den Marktpartnern stehen neben dem Wunsch nach Verläßlichkeit und Stabilität der wechselseitigen Bindungen vor allem Leistungsgesichtspunkte auf der Basis technisch-wirtschaftlicher Vergleiche im Vordergrund. Diese Normen wendet die Unternehmensführung auf Zulieferer und Absatzagenten an. Sie ist ihnen aber auch selbst seitens der Kundschaft unterworfen.

Auch das Verhalten zur Belegschaft wird von Leistungsgesichtspunkten bestimmt. Allerdings müssen hierbei zahlreiche soziale Normvorstellungen der Arbeitnehmerschaft, wie das Sicherheitsverlangen, Wünsche nach Anerkennung und sozial angemessener Behandlung usw. berücksichtigt werden.

Im Vordergrund der Beziehungen zu den Unternehmenseigentümern steht neben dem Gewinnmotiv in allen seinen Varianten auch deren Wunsch nach sicherer Kapitalanlage.

Hinsichtlich der sozialen Interessengruppen herrschen aus der Unternehmenspolitik im engeren Sinne abgeleitete Zielvorstellungen vor, die häufig den Charakter von Rechtfertigungen tragen. Unternehmensentscheidungen werden auf ihre positive gesellschaftliche Bedeutung hin interpretiert und die Funktion des Unternehmens als Dienst für die Allgemeinheit dargestellt.

Die gruppenspezifische Abwandlung bzw. Interpretation der unternehmerischen Zielsetzungen kann dazu führen, daß konfligierende Normvorstellungen entstehen. Zur Lösung dieses Dilemmas der Unternehmensführung dient bisweilen die Integration partikularer Zielsetzungen in einer Ideologie. So bieten z. B. die „Partnerschaftsidee“ und der „Leistungs-“ bzw. „Produktivitätsgedanke“ die Möglichkeit, Unternehmensentscheidungen in allen sozialen Bereichen einheitlich zu interpretieren.

In einer wirtschaftlich integrierten Gesellschaft mit außerordentlich komplexen Wechselbeziehungen tragen Unternehmensentscheidungen notwendigerweise sozialen Charakter. Ihre Struktur ist von mechanistischen Modellvorstellungen weit entfernt. In dem Maße, in dem die Unternehmungen komplizierte soziale Gebilde geworden sind, haben die Führungsentscheidungen die wirtschaftlich-technische Sphäre verlassen und mehr und mehr den Charakter politischen Verhaltens angenommen.

3. Die privaten Haushalte

Die Frage nach dem institutionellen Rahmen und den sozialen Bestimmungsgründen des Verbrauchs von Gütern und Dienstleistungen stand lange Zeit gegenüber dem Interesse an Produktions- und Verteilungsproblemen im Hintergrund. Erst die mit der allgemeinen Erhöhung des Lebensstandards einhergehende Differenzierung der Marktleistungen und der wachsende Anteil der nach Abzug lebensnotwendiger Ausgaben frei verfügbaren Geldmittel am Gesamteinkommen schufen neue Voraussetzungen. Ebensowenig wie der Bedarf einfach als gegeben betrachtet werden konnte, ließ sich die Abstraktion der homogenen Güter mit eindeutig bestimmbaren Nutzenkoeffizienten (eine Voraussetzung rationaler Wahlhandlungen) aufrechterhalten. Auf der Suche nach den Beeinflussungsfaktoren des Verbraucherverhaltens wurde bald die Schwierigkeit offenbar, mit Hilfe der isolierenden Abstraktion den Problemkreis zu umschreiben und zu durchdringen. Der Verbrauch von Gütern und Dienstleistungen ist so sehr von der allgemeinen gesellschaftlichen Situation und dem sozialen Bezugssystem des jeweils handelnden Wirtschaftssubjekts abhängig und damit offenkundig ein Verhaltensproblem, daß sich hier ein Versuchsfeld par excellence für die wirtschaftssoziologische Forschung ergab. So treten in der Gegenwart bei der Erforschung des Verbrauchs neben die quantitativ-statistische Erfassung der globalen Verbrauchsausgaben zum Zwecke makroökonomischer Analysen mehr und mehr Methoden der sozialpsychologischen Mikroanalyse. Neben der traditionellen Budgetforschung wird insbesondere die Meinungsforschung nach der Methode der sample surveys und verstärkt auch die Motivforschung betrieben. Eine Synthese dieser Forschungsansätze, die sowohl eine Verlaufsanalyse der Verbraucherentscheidungen als auch die strukturelle Untersuchung des Verbrauchs vereint, zeichnet sich bereits ab.[1]

a) Soziale Determinanten des Verbraucherverhaltens

Es wäre ein großer soziologischer Irrtum, das Verbraucherverhalten zwar von der konkreten Marktsituation her auf spezifische Güter und Dienstleistungen zu beziehen, im übrigen jedoch den Verbraucher selbst als homogenen Idealtyp zu betrachten. Erst bei einer weitergehenden, auf die Merkmale der Sozialstruktur bezogenen Analyse der verschiedenen Verbrauchertypen gewinnen wir den Zugang zum Verständnis der Verhaltensdeterminanten. Hierbei wird sofort deutlich, daß es „den“ sozial isolierten Verbraucher nur als Fiktion gibt. Der Verbrauch von Gütern und Dienstleistungen findet stets im Rahmen eines sozialen Bezugssystems statt, das zur Konkretisierung in spezifischen sozialen Gebilden, den *Haushalten*

[1] Anregungen in dieser Richtung vermittelt z. B. G. Scherhorn, Verhaltensforschung und Konsumtheorie, in: Schmollers Jahrbuch Jg. 80 (1960).

tendiert. Die überwiegende Mehrzahl aller privaten Verbrauchsausgaben wird durch sie getätigt. Unter Haushalt soll hierbei „die Einheit der auf Sicherung der gemeinsamen Bedarfsdeckung einer Menschengruppe im Rahmen eines sozialen Gebildes gerichteten Verfügungen“[1] verstanden werden. Bei diesen Verfügungen handelt es sich in einer überwiegend auf den Markt zentrierten arbeitsteiligen Geldwirtschaft um die Umwandlung von Geldeinkommen in Realeinkommen.

Wesentlichste soziologische Funktion des Haushalts ist die Deckung des im Hinblick auf die objektiv gegebene Einkommenslage und die soziale Stellung, sowohl innerhalb des Haushalts als auch nach außen hin, normierten Bedarfs seiner Mitglieder. Die Summe der verschiedenen Bedarfsnormen bildet den Lebensstandard, der sich sowohl auf die wirtschaftliche als auf die soziale Lebenslage bezieht. Diese hängt im wesentlichen vom Verhältnis der Einkommenshöhe und der Einkommensart (z. B. Regelmäßigkeit und Sicherheit der Bezüge) zur notwendigen Einkommensverwendung ab. Jede Änderung der Lebenslage wirkt sich selbstverständlich auf den Lebensstandard und damit auf das Verbraucherverhalten aus.

Lange Zeit standen die Einkommensänderungen bei der Analyse des Haushaltsverhaltens im Mittelpunkt des Interesses. Ihr Einfluß auf die Lebenslage ist unmittelbar und umfassend. Doch bedürfen diese Wechselbeziehungen einer Differenzierung. Die Bedarfsstruktur eines Haushalts umfaßt Ansprüche unterschiedlicher Elastizität. Ihr Ausmaß wird nur zum Teil von rationalen Erwägungen bestimmt, zum Teil unterliegt es aber auch traditionalen und emotionalen Verhaltensweisen. *Jahoda-Zeisels* gründliche Untersuchung der Haushalte von langfristig Arbeitslosen in der großen Weltwirtschaftskrise[2] hat den Beweis erbracht, daß selbst auf dem physischen Existenzminimum ein

[1] Erich Egner, Der Haushalt, Berlin 1952, S. 30.

[2] Marie Lazarsfeld-Jahoda und H. Zeisel, Die Arbeitslosen von Marienthal, Leipzig 1933.

Mindestmaß an „Luxuskonsum" (Schokolade, Kaffee u. a.) stattfindet. Es gibt also auch „höhere" Bedürfnisse, die von Einkommensänderungen unabhängig sind, weil sie unauflöslicher Bestandteil des Selbstverständnisses eines Individuums oder einer sozialen Gruppe geworden sind. Diese Festigkeit des Bedürfnishorizonts auch angesichts maximaler Gefährdung ist zweifellos ein nicht zu unterschätzendes Stabilisierungsmoment der wirksamen Nachfrage beim Ausgleich wirtschaftlicher Wechsellagen.

Umgekehrt haben empirische Untersuchungen[1] erwiesen, daß bei steigendem Einkommen der relative Anteil der Verbrauchsausgaben sich zwar strukturell verändert, aber insgesamt keineswegs zugunsten der Sparquote sinken muß, wie es *Keynes* im Anschluß an *Engel* (1895) als „fundamentales" psychologisches Gesetz postuliert hat. Die Beobachtungen zeigen also, daß die Einkommenselastizität der Verbrauchsausgaben von bisher wenig beachteten zusätzlichen Faktoren abhängen muß, die sich erst einer gründlicheren soziologischen bzw. sozialpsychologischen Analyse erschließen. Solche Faktoren sind z. B. Einkommensvergleiche, die Beurteilung zurückliegender Einkommensveränderungen, Einkommenserwartungen, das Verhältnis der Rücklagen zum Einkommen, erwartete Veränderungen der Kaufkraft des Einkommens usw., wobei der subjektiven bzw. gruppenspezifischen Einschätzung der Lage ein besonderes Gewicht zukommt.

Änderungen der Lebenslage und damit des Lebensstandards müssen aber nicht nur durch Verschiebungen des Einkommensniveaus verursacht sein. Familiengründung, Orts- oder Berufswechsel sind nicht minder wichtige Anlässe zur Revision der Bedarfsnormen. Schon 1862 erkannte *Reybaud* in einer Untersuchung von Textilarbeiter-Familien die Bedeutung der Lebens-

[1] Vgl. z. B. J. S. Duesenberry, Income, Saving and the Theory of Consumer Behavior, Cambridge, Miss. 1952, und Milton Friedman, A Theory of the Consumption Function, Princeton 1957.

phasen für die Heranbildung spezifischer Verbrauchergewohnheiten. Als „Lebenszyklus“ spielen diese Zusammenhänge eine große Rolle in der modernen amerikanischen Wirtschaftssoziologie. Die Belastung der Haushalte mit unvermeidbaren Ausgaben schwankt entsprechend den durch Familiengründung, Kinderaufzucht und schließlich Rückbildung zur Kleinstfamilie nach Selbständigwerden der Kinder gekennzeichneten Lebensphasen.

Neben diesen individuellen Determinanten der Lebenslage gibt es kollektive Beeinflussungsfaktoren, auf die vor allem *Hazel Kyrk* hingewiesen hat. Die eine jeweilige Gesellschaftsstruktur kennzeichnenden sozialen Gruppen differenzieren sich vorwiegend nach ihrem wirtschaftlichen Wertkodex, der auch ihren jeweiligen Bedürfnishorizont prägt. Der Lebensstandard eines Haushalts ist also auch schichtenspezifisch strukturiert. Die bekannte Tatsache, daß sich z. B. ein Beamtenhaushalt von demjenigen einer Facharbeiterfamilie unterscheidet, belegt diese Erkenntnis, die vor allem in der französischen Budgetforschung *(Le Play, Halbwachs)* wertvolle Untersuchungsansätze gebracht hat.

Mit dieser überindividuellen Orientierung hängt das Phänomen des Geltungskonsums eng zusammen, der mit wachsendem Lebensstandard an Bedeutung gewinnt. Es handelt sich hierbei um die Übertragung sozialer Bewertungsmaßstäbe in die Konsumsphäre, die den jeweiligen Güter- und Dienstleistungsaufwand zum Status-Symbol werden läßt. Einer der ersten, die diese Zusammenhänge erforscht haben, war der Amerikaner *Thorstein Veblen.*[1] Der Wettbewerb der Haushalte um ein möglichst hohes Geltungsniveau dynamisiert ihr Wirtschaftsverhalten in zunehmendem Maße. Eine zweite Auswirkung ist die hierdurch mögliche „Außensteuerung“ der Haushalte durch die Massenmedien der Werbung, denen mehr und mehr die

[1] Vgl. seine Theory of the Leisure Class, New York 1900 (dt.: Theorie der feinen Leute, Köln 1959).

Aufgabe zufällt, den Käufern die soziale Rangstufung der Wirtschaftsgüter darzustellen. Die gruppenspezifische Strukturierung der Haushaltsaufwendungen wird aber hierdurch nicht eingeebnet, denn nach wie vor setzen „Bezugsgruppen", d. h. die in ihrer Lebensführung nachgeahmten Personenkreise, das Niveau des zu realisierenden Lebensstandards mit fest. Oft wirken die nächsthöhere soziale Schicht oder die „Prominenz" als Beispiele.

b) Funktionswandel der Haushalte

Wie andere Sozialgebilde unterliegen auch die Haushalte einem allmählichen Funktionswandel, der als Anpassung an die sich verändernde Umwelt zu verstehen ist. So brachte z. B. die erste Phase der Industrialisierung eine weitgehende Trennung von Wohnstätte und Arbeitsplatz sowie die Vergrößerung der sozialen Mobilität durch horizontale (Landflucht) und vertikale (Berufswechsel) Wanderungsbewegungen, die zum Entstehen großstädtischer Ballungsräume und der damit einhergehenden Einschränkung des zur Verfügung stehenden Wohnraums führten. Als Ergebnis können wir eine jetzt weithin abgeschlossene Auflösung der mehrere Generationen unter einem Dach zusammenfassenden Großhaushalte feststellen. An die Stelle der durch selbständige Erzeugung und Verarbeitung von Konsumgütern (Garten, Spinnstube u. a.) betonten inneren Geschlossenheit tritt die immer stärker werdende Marktabhängigkeit des Haushalts. Hierbei wird die Fremdversorgung mit Gütern und Dienstleistungen durch fortschreitende Produktdifferenzierung erleichtert. Als Ergebnis individualisieren sich die Haushalte. Traditionelle Bedarfsvorstellungen werden durch persönliche Neigungen und Wünsche ersetzt. Daß hierbei zunächst viele Haushalte überfordert werden und schließlich doch Anlehnung an ein mehr oder weniger irrational erscheinendes, dafür aber um so rationaler geplantes, durch Werbung vermitteltes Bezugssystem suchen, ist eine Übergangserscheinung auf dem Wege zu neuen Normvorstellungen. Bemerkenswert ist neben der genannten Individualisierungstendenz, die den Haushalt wechselnden Markteinflüssen öffnet, eine gegenläufige Tendenz zur Kollektivierung von Teilfunktionen, die früher zu den wesentlichsten Aufgaben der Haushaltsführung gehörten. Hierzu zählen z. B. die überindividuellen Maßnahmen zur Risikosicherung (Sozialversicherung), zur Güterversorgung (Einkaufsgenossenschaften), aber auch die Zentralisierung bisher für den Einzelhaushalt typischer Einrichtungen, vor allem in den großen Wohnblocks. Auch Gruppenexperimente mit Gemeinschaftshaushalten sind hier zu nennen. So wird die Gewährleistung und Realisierung eines erwünschten Lebensstandards wie in vorindustriellen Zeiten wieder eine Gruppenaufgabe. Allerdings wiegt gegenüber dem konkreten, auf Familienbeziehungen gestützten Großhaushalt die abstraktere Interessenbindung zwischen zahlreichen individuell bleibenden Kleinhaushalten vor.

Besondere Bedeutung haben mit zunehmender Produktdifferenzierung und gleichzeitigem Übergang zur Massenherstellung von Konsumgütern die Versuche erlangt, die bei steigendem Lebensstandard immer elastischer werdenden Haushaltsentscheidungen zu manipulieren oder wenigstens vorherzusagen. Diesem Bedürfnis der Absatzplanung, das einer rationalisierten Produktion entspringt, verdankt die empirische Wirtschaftssoziologie wesentliche Forschungsimpulse, wenn auch die Grundlagenforschung gegenüber der angewandten „marketing"-Technik weit zurücktritt. Die Bemühungen um Steuerung der Haushaltsentscheidungen erstrecken sich auf drei Hauptbereiche: Zunächst wird das soziale Rollenverhalten des Verbrauchers durch Weckung bestimmter Rollenerwartungen (z. B. „Jede Hausfrau kauft ...") zu beeinflussen versucht, wobei der Hang zur Nachahmung ein wichtiger Faktor ist. Einen anderen Ansatzpunkt bieten die Versuche, die Motivationsstruktur der Verbraucher anzusprechen und zu ändern, etwa dadurch, daß bestimmte Funktionen eines Gutes neue Bedürfnisse wecken (man verkauft z. B. nicht nur einen Apparat, sondern zugleich Zusatzgeräte für Nebenfunktionen). Eng damit zusammen hängt die Möglichkeit, bestehende Nutzenvorstellungen durch soziologische und psychologische Komponenten zu erweitern, wofür der Geltungskonsum von „Wohlstandsgütern" ein gutes Beispiel ist. Angesichts dieser Marktstrategie, deren Objekt die Haushalte sind, wandelt sich die inhaltliche Bedeutung verschiedener bisher bei der Analyse von Konsumentenentscheidungen verwendeter Begriffe, z. B. des „Verbrauchers", des „Wirtschaftsgutes" und des „Nutzens". Sie werden in immer stärkerem Maße situations- und motivationsbezogen.

Es ist gelegentlich versucht worden, diese strukturellen und funktionellen Veränderungen der Haushalte zu ideologisieren und kulturkritisch zu werten. Hierher gehören Schlagworte wie das von der „Konsumpflicht" in einer „Verbrauchergesellschaft", die die „Autonomie der Konsumenten" bedrohe. Derartige Verabsolutierungen banaler Alltagsweisheiten und ihre Bewertung anhand eines fiktiven Idealtyps (der „autonome" Konsument) überschreiten selbstverständlich die Grenzen der wirtschaftssoziologischen Aussagemöglichkeiten. Sie zeigen deutlich die Gefahren einer Überinterpretation festgestellter Entwicklungstendenzen.

4. Der öffentliche Haushalt

Wohl in keinem Bereich ist die enge Verflechtung wirtschaftlicher und gesellschaftlicher Vorgänge so offensichtlich wie in der öffentlichen Finanzwirtschaft. Bedarfsfestsetzung, Mittelbeschaffung und Mittelverwendung im Rahmen des Staatshaushalts spiegeln die jeweiligen Auffassungen über die Funktionen des Staates wider und sind gleichzeitig eng verbunden mit dem strukturellen Aufbau der betreffenden Gesellschaft. Die Beschäftigung mit den hier auftretenden Problemen hat zum

Entstehen einer gerade im deutschen Sprachbereich besonders geförderten Sonderdisziplin geführt: der Finanzsoziologie. Nach zahlreichen Vorarbeiten, vor allem seitens der Vertreter der historischen Schule (*L. v. Stein, Adolph Wagner, A. Schäffle, G. Schmoller*) hat sie *Rudolf Goldscheid* als „Lehre von der gesellschaftlichen Bedingtheit des öffentlichen Haushalts und seiner die Gesellschaftsentwicklung festlegenden Funktion"[1] zu begründen versucht. Der Nachsatz deutet an, daß er sich hierbei von einer wertbetonten staatssozialistischen Grundkonzeption leiten ließ, die zu scharfen Kontroversen führte. Abseits von diesen polemischen Auseinandersetzungen über das Ausmaß der Wirtschafts- und Gesellschaftsgestaltung seitens des Staates haben in der Folgezeit Untersuchungen zur Steuermoral, zur Finanzgesinnung, zu den steuerpolitischen Idealen und anderen Problemen wichtige Teilergebnisse gebracht. Die Verlagerung des Schwergewichts von der historisch-soziologisch orientierten Ideologie- und Institutionsforschung zur gegenwartsnahen empirischen Verhaltensforschung hat auch in der Finanzsoziologie zu einem Wechsel der Thematik geführt, für den die Arbeiten von *Schmölders* und seiner Kölner Forschungsstelle für empirische Sozialökonomik mit ihrer Hinwendung zur Sozialpsychologie charakteristisch sind.

Bei der soziologischen Analyse des öffentlichen Haushalts, d. h. des Finanzgebarens der öffentlichen Hand und seiner sozialen Auswirkungen sind drei Ebenen der Fragestellung zu unterscheiden. Zunächst läßt sich mit historisch-soziologischen Methoden der Wandel der sich im jeweiligen Haushaltsplan manifestierenden finanzpolitischen Zielsetzungen in ihrer gesellschaftlichen Bedingtheit untersuchen. Hierbei treten vor allem die sozialen Objektivationen, die gesellschaftlichen Wert- und Normvorstellungen, in das Blickfeld des Wissenschaftlers. Sodann kann nach den soziologischen Ablaufgesetzen des jeweili-

[1] Rudolf Goldscheid im Handbuch der Finanzwissenschaft, 1. Aufl. Bd. 1 (1926), Tübingen, S. 147.

gen Prozesses der finanzpolitischen Willensbildung (Bedarfsfestsetzung) sowie des Haushaltsgebarens (Einnahme- und Ausgabengestaltung) gefragt werden. Diese Problemstellung führt notwendigerweise zu einer eingehenden Institutionsanalyse in enger Verbindung mit Fragestellungen der politischen Soziologie. Schließlich können die Verhaltensweisen der vom öffentlichen Haushalt tangierten Personen, Gruppen und Institutionen Gegenstand der soziologischen Analyse sein, die sich dann vorwiegend der mikrosoziologischen Methoden der Verhaltensforschung zu bedienen hat. Auf allen drei Ebenen der Fragestellung ist die Berücksichtigung der „background factors", der Strukturmerkmale der Gesamtgesellschaft, unbedingt erforderlich. Daraus ergibt sich die Verbindung zur allgemeinen Soziologie.

a) Der Wandel der Zielsetzungen

Teschemacher hat darauf hingewiesen, daß die wissenschaftliche Analyse finanzwirtschaftlicher Probleme vom Denken über den Staat ausgegangen ist.[1] Aber auch das tatsächliche Finanzgebaren der öffentlichen Hand ist stets von der jeweils herrschenden Staatsauffassung abhängig gewesen. Der Hofstaat des Merkantilismus verkörperte in seinem auf den Souverän als Repräsentanten von Staat und Gesellschaft zentrierten hierarchischen Aufbau ein metaphysisch fundiertes Normsystem, dessen Verwirklichung alle Bereiche wirtschaftlicher Tätigkeit zu dienen hatten. Das Individualinteresse wurde einem allerdings durch den absolutistisch regierenden Fürsten jederzeit korrumpierbaren Allgemeinwohl geopfert. Analog wurden die Funktionen des die Einzelwirtschaften überragenden Staatshaushalts außerordentlich ausgeweitet und schließlich ganz auf die Bedürfnisse des Hofes ausgerichtet.

[1] Teschemacher in der Schanz-Festschrift, Bd. II, Tübingen 1928, S. 423.

Es ist verständlich, daß in der folgenden Epoche des Wirtschaftsliberalismus mit allen Mitteln versucht wurde, diese Funktionen des Staatshaushalts so weit wie möglich einzudämmen oder – wo dies unmöglich war – sie wenigstens im Hinblick auf den Wirtschaftsablauf zu neutralisieren. In der sogenannten Edinburgher Regel („leave-them-as-you-find-them-rule“) für die Steuererhebung kommt dieses „Neutralitätsdogma“ der staatlichen Einnahmen- und Ausgabengestaltung am deutlichsten zum Ausdruck. Wie der Staat, getrennt von der Gesellschaft, an deren Peripherie ein Nachtwächterdasein fristen und hierbei außerdem zu den im privatwirtschaftlichen Bereich so gut bewährten Verhaltensmaximen des „guten Hausvaters“ verpflichtet sein sollte, so wurde angestrebt, den Staatshaushalt lediglich auf unumgänglich notwendige Ordnungsfunktionen zu reduzieren. Hiergegen leisteten sozialkonservative Kräfte allerdings teilweise erfolgreichen Widerstand, so daß der rein liberalistischen Finanzpolitik in den meisten Staaten nur ein relativ kurzes Zwischenspiel beschieden war.

Die mit der Industrialisierung dringlich gewordenen Probleme der überindividuellen Daseinsvorsorge und der dadurch anfallende Sozialaufwand sowie die in einer dynamischen Gesellschaft mit rasch zunehmender Arbeitsteilung lawinenartig anwachsenden Verwaltungsaufgaben führten zu einer Ausdehnung der Staatsaufgaben in solchem Maße, daß der Wechsel vom „Anteilsystem“ zum „Kontrollsystem“ *(F. K. Mann)* des Staatshaushalts in bezug auf die Gesamtwirtschaft offensichtlich wurde. Diesem Finanzgebaren entsprechen die Zielsetzungen des auf der Massendemokratie beruhenden Sozialstaates, der die Verantwortung für die gesamtgesellschaftliche Entwicklung zu tragen hat. Mit der bewußten Nutzbarmachung des Staatshaushalts für wirtschafts- und sozialpolitische Zielsetzungen im Rahmen eines volkswirtschaftlichen Gesamthaushalts (functional finance) zeichnet sich das vorläufige Endstadium dieses Entwicklungstrends in der westlichen Welt ab: „Die Eingliederung des Staatshaushalts in den Haushalt der Gesamtheit ist das charakteristische Merkmal für seinen Strukturwandel im Sozialstaat der Gegenwart. Dadurch wird er aus einem neben dem Wirtschafts- und Sozialleben stehenden Gebilde zu dessen Glied gemacht, und zwar zu demjenigen, das für seinen Aufbau und Ablauf die letzte Verantwortung trägt."[1] Die Entwicklung verläuft jedoch nicht einheitlich. Dem pluralistischen Gruppenstaat der Gegenwart mit der Zielsetzung des Interessenausgleichs auf der Basis des Kompromisses entspricht ein Finanzgebaren der öffentlichen Hand, in dem dieser Ausgleichscharakter eng verbunden mit der Notwendigkeit teilweise uneinheitlicher Lösungsversuche zur Geltung gelangt. Die Rolle des Staates wird hierbei durch die Vielschichtigkeit seiner Institutionen immer schwerer überschaubar. Neben den Bundeshaushalt, die Länderhaushalte und diejenigen der Gemeinden treten in stärkerem Maße die „intermediären Finanzgewalten" (z. B. Sozialversicherungsträger) mit öffentlich-rechtlichem Charakter, aber selbständigem Finanzgebaren.[2] Alle wesentlichen Probleme der Finanztheorie und Finanzpolitik, ob sie z. B. die Frage des Haushaltsdefizits oder die Wirksamkeit einer antizyklischen Haushaltspolitik betreffen, lassen sich erst vor dem Hintergrund der Staatsstruktur, der in ihr herrschenden Machtverhältnisse und konfligierenden Zielsetzungen in ihrer ganzen Tragweite erfassen.[3]

[1] Egner a. a. O., S. 495.

[2] Vgl. hierzu F. K. Mann, Die intermediären Finanzgewalten und ihr Einfluß auf Deutschlands finanzielle Belastung, in: Jb. für Nationalökonomie und Statistik, Bd. 74 (1928), S. 219–237.

[3] Eine bemerkenswerte Untersuchung von G. Schmölders über „Die Politiker und die Währung" (Frankfurt/Main 1960) zeigt, wie stark bei der Einstellung der für den Staatshaushalt letztlich verantwortlichen Parlamentarier die wirtschaftliche Sachlogik zugunsten politischer Überlegungen zurücktritt.

b) Das Finanzgebaren der öffentlichen Hand

Die Wirtschaftsführung des Staates kann als Ergebnis eines Anpassungsprozesses zwischen vorgegebener Zielsetzung und sozialer Wirklichkeit (Wirtschaftslage, Sozialstruktur u. a.) aufgefaßt werden, wobei die Vollzugsorgane durch ihren stark institutionellen Charakter und die dementsprechend überwiegende juristische Verfahrensweise nur einen geringen Entscheidungsspielraum haben. Die hierdurch bedingte Verminderung der Reaktionsgeschwindigkeiten führt deshalb häufig zu Phasenverschiebungen im Anpassungsprozeß. Der Staatshaushalt ist schon rein zeitlich gesehen wenig flexibel und in der Art und Höhe der Aufwendungen rechtlich gebunden. Dies fällt konjunkturpolitisch um so schwerer ins Gewicht, als „in einem modernen Industriestaat, der sich jahrelang auf der Höhe der Vollbeschäftigung bewegt, der Spielraum für kurzfristiges, zusätzliches Wachstum außerordentlich knapp ist. Anspannungen, die in einem Bereich der Wirtschaft auftreten, können dabei sehr schnell und oft unerwartet um sich greifen."[1] Bei der geringen Konjunkturelastizität der Staatsausgaben ist es um so bedeutungsvoller, die langfristige Übereinstimmung zwischen der Wirtschafts- und Gesellschaftsentwicklung einerseits und der Entwicklung des Staatshaushalts andererseits zu erzielen. Die Lösung dieser Aufgabe wird um so komplizierter, je stärker Arbeitsteilung und Interdependenz der Wirtschaft ausgebildet sind und je dynamischer die Sozialstruktur wird. Hinzu kommt die hieraus resultierende Unübersichtlichkeit des politischen Spannungsfeldes, als dessen Resultante der staatliche Haushaltsplan erscheint. Neben der Wirtschaftsbürokratie des Staates und den verschiedenen Gruppen der politischen Funktionäre spielt die durch Massenmedien beeinflußbare öffentliche Meinung

[1] So kennzeichnete der damalige Bundesfinanzminister Etzel in einem Zürcher Vortrag über „Probleme der Konjunktur- und Finanzpolitik" am 1. 4. 1960 Probleme, deren säkulare Konstanz sich allmählich abzeichnet. Vgl. Neue Zürcher Zeitung vom 3. 4. 1960.

und die Vielzahl der wirtschaftlichen Interessengruppen eine immer größere Rolle zum mindesten im Vorraum der eigentlichen Beschlußfassung. Ein typisches Beispiel für den Einfluß relativ kurzfristiger und rein politischer Erwägungen sind viele finanzpolitische Beschlüsse in den Wahljahren.

Bereits bei der *Festsetzung des Finanzbedarfs,* die in der parlamentarisischen Verabschiedung des Budgets gipfelt, spiegeln sich die verschiedenen sozialen, wirtschaftlichen und politischen Kräfte. Zwar sind die Grundanforderungen durch die Strukturmerkmale der Gesamtgesellschaft, ihre gegenwärtige Situation und vorgegebene traditionelle Verpflichtungen festgelegt. So bestimmt z. B. der Altersaufbau der Bevölkerung das Ausmaß vieler Sozialausgaben und die Möglichkeiten der Lastenverteilung. Die soziale Schichtung, die vor allem in der Einkommens-, Vermögens- und Berufsstruktur zum sozialstatistisch meßbaren Ausdruck kommt, legt eine ganz bestimmte Form der Mittelaufbringung und -verwendung von vornherein nahe. Die Rangordnung der einzelnen Positionen und die entsprechende Mittelzumessung sind jedoch Gegenstand oft heftiger, mit verschiedenartigsten Argumenten geführter Auseinandersetzungen. Hierbei kommt die bemerkenswerte Tatsache zum Vorschein, daß der überragende Bedeutungszuwachs, den der Staatshaushalt im gesamten Wirtschaftsleben erhalten hat, gleichzeitig dazu führte, daß nun innerhalb dieser „mittels Zwangsleistungen finanzierten autoritären Planwirtschaft" *(Schmölders)* die gesellschaftlichen Sonderinteressen immer stärker zum Vorschein kommen, so daß zweifelhaft bleibt, wer im Endeffekt die Zwecke setzt und über die Mittel verfügt. Schlagworte wie „totaler Versorgungsstaat" oder „Machtinstrument der Manager" vermögen jedenfalls den komplexen Sachverhalt keineswegs zu klären. Ebenso falsch aber wäre auch eine rein formale Betrachtung, in der die Kollektivbedürfnisse als gegeben erscheinen. Sie sind stets abhängig von der sozialen, wirtschaftlichen und politischen Struktur und wandeln sich mit ihr.

Die *Beschaffung der im Rahmen des Staatshaushalts benötigten Mittel* ist zwar im wesentlichen eine Verwaltungsaufgabe, die mit zunehmender Rationalisierung des Wirtschaftslebens auch immer rationaler und abstrakter gesteuert wird. In der Art der Mittelaufbringung spiegeln sich jedoch die sozialen Verhältnisse und Beziehungen auf mannigfache Art. So wird z. B. ein Staat mit vorwiegend selbständig schaffender Bauern- und Handwerkerbevölkerung und geringer Marktentwicklung notwendigerweise ein anderes Steuersystem haben als ein moderner Industriestaat mit einer vorwiegend aus Arbeitnehmern bestehenden aktiven Bevölkerung und starker Konzentration des Eigentums an den Produktionsmitteln.

Auf die Entsprechung zwischen Steuerform und Gesellschaftsstruktur hat *Carl Brinkmann* treffend hingewiesen: Während im merkantilistischen Frühkapitalismus die Ausbildung großer Märkte erstmals die Ablösung alter Personal- und Realsteuern durch Massenverbrauchssteuern (Akzise) nahelegte, wurden in der folgenden individualistischen, konkurrenzwirtschaftlichen Phase diese Steuern entweder als vermeidbar (Problem der Luxusbesteuerung) oder aber als unsozial betrachtet. Die Folge war der Siegeszug der Einkommensteuer, die sozialpolitisch ausgleichend wirken sollte. Mit der außerordentlichen Ausweitung der Staatsaufgaben im Spätkapitalismus wurde eine neue Umgestaltung bzw. Ergänzung des Steuersystems notwendig. Gegenüber den „Maßsteuern" treten nun die „unmerklichen Marktsteuern" *(Schmölders)*, insbesondere die Umsatzsteuer, mehr in den Vordergrund. Durch die Konzentration der wirtschaftlichen Wertschöpfung in den Großunternehmen bahnt sich vielleicht einmal eine ähnliche Umwälzung in Richtung auf „Betriebssteuern" *(Brinkmann)* an.[1]

Während die Mittelbeschaffung in liberaler Auffassung nach rein fiskalischen Gesichtspunkten möglichst allgemein, gleichmäßig, bestimmt, bequem und in der Aufbringung billig erfolgen sollte *(Adam Smith)*, hat die Funktionsänderung des Staates auch hier zu einem Wandel der Auffassungen geführt.

[1] Vgl. hierzu Carl Brinkmann, Die theoretischen Grundlagen der modernen Steuerreformdebatte, in: Finanzarchiv Bd. 11 (1948), S. 313 ff.

Der fiskalische Hauptzweck wird mehr und mehr durch wirtschafts- und sozialpolitische Nebenzwecke ergänzt (z. B. Mittelstandsförderung u. a.). Damit wird zugleich eine institutionelle Veränderung des staatlichen Finanzapparates eingeleitet, die zur stärkeren Integration von Wirtschaft, Staat und Gesellschaft führt. Der Staatshaushalt wird zu einem Kontrollinstrument, das die Dispositionen der privaten Unternehmungen und Haushalte im Rahmen gewisser Toleranzen steuert.

Deutlich kommt diese Tendenz in der *Mittelverwendung* seitens der öffentlichen Hand zum Ausdruck. Das ständige Anwachsen der Staatsausgaben ist von einer Umverteilung des Sozialprodukts begleitet, die die gesamte Bevölkerung erfaßt. Diese Einkommensübertragung *(Colm)* durch den Staat zeigt besonders deutlich die wachsende Verflechtung von Staatshaushalt und Privathaushalten. Aber selbst dort, wo eine reine Einkommensbeanspruchung seitens der öffentlichen Hand vorliegt, führt die Größenordnung der Mittel und die Vielzahl der damit finanzierten staatlichen Funktionen zu Nebenwirkungen, wie z. B. der Tatsache, daß in der Bundesrepublik der Staat zum größten Arbeitgeber in der Gesamtwirtschaft geworden ist. Die dadurch gegebene Machtfülle wird jedoch durch den Interessenpluralismus der letzten Entscheidungsinstanzen wieder ausgeglichen.

Selbstverständlich ist bei der Verwendung der Haushaltsmittel ebenfalls nicht nur die unmittelbare Zwecksetzung, sondern auch die Berücksichtigung der sozialen Gegebenheiten wichtig (z. B. Vergebung von Aufträgen in Notstandsgebiete).

c) Auswirkungen auf Sozialstruktur und Sozialverhalten

Der gesamtwirtschaftliche Einfluß des öffentlichen Finanzgebarens ergibt sich schon aus der grundlegenden Umverteilungsfunktion des Staatshaushalts. Im Jahre 1966 empfingen staatliche Stellen Einkommens- und Vermögensübertragungen in Höhe von 35 % des Bruttosozialprodukts und leisteten selbst derartige Übertragungen in Höhe von 17 % des Bruttosozialprodukts. Der Eigenverbrauch des Staates betrug 15,7 % des Bruttosozialprodukts. Daneben wurden erhebliche Mittel von den „intermediären Finanzgewalten", insbesondere den selbständigen Sozialversicherungsträgern in Anspruch genommen.

Auch von der Verteilung der Mittel auf die einzelnen Finanzinstitutionen gehen starke strukturelle Wirkungen aus. Der jeweilige Verteilungsschlüssel ist ein wichtiges Indiz für die innere Struktur des Staates. Je nach dem Ausmaß, in dem zentralistische oder föderalistische Kräfte sich durchzusetzen vermögen, schwanken auch die relativen Anteilszahlen. Die Funktionsfähigkeit z. B. der Gemeinden und damit der Erfolg einer dezentralen Selbstverwaltung wird entscheidend von der Aufschlüsselung der zur Verfügung stehenden Mittel beeinflußt. Dem horizontal zwischen gleichgeordneten Verwaltungsinstanzen oder vertikal zwischen einander über- und untergeordneten Instanzen stattfindenden Finanzausgleich kommt deshalb eine große Bedeutung zu.

In ähnlicher Weise beeinflußt die Aufbringung der öffentlichen Mittel und ihre Verteilung auf die verschiedenen Aufgabenbereiche die gesamtgesellschaftliche Struktur. *F. K. Mann* unterscheidet drei Wege, auf denen der Staat mittels der Besteuerung auf das soziale Leben Einfluß nehmen kann:

1. durch Änderung sozial unerwünschten menschlichen Verhaltens;

2. durch Regulierung der Wirtschaftsmacht der sozialen Gruppen und Klassen;

3. durch Bekämpfung sozialer Mißbräuche des Kapitalismus und die Erleichterung des Übergangs zu einer anderen Wirtschaftsverfassung.[1]

[1] F. K. Mann, Finanztheorie und Finanzsoziologie, Göttingen 1959, S. 113.

Die staatlich induzierten Verhaltensänderungen reichen von der Konsumsteuerung (Verbrauchssteuern), wie sie z. B. in Großbritannien während und nach dem Zweiten Weltkrieg angewendet wurde, bis zur bevölkerungspolitischen Einflußnahme auf die Familiengröße durch entsprechende Abstufung der Steuersätze oder Ausgleichszahlungen, wie sie seit der Antike bekannt ist (Lex Papia Poppäa) und gegenwärtig vor allem in Frankreich praktiziert wird.

Die relative Machtposition sozialer Gruppen läßt sich auf lange Sicht durch entsprechende Verteilung der Steuerlast (z. B. Erbschaftssteuer konfiskatorischen Charakters) beeinflussen. In diesem Zusammenhang ist auch darauf hinzuweisen, daß die Art der Deckung des finanziellen Staatsbedarfs die relative Stellung sozialer Gruppen beeinflußt. So begünstigt z. B. die Anleihefinanzierung durch die damit verbundenen periodischen Zinszahlungen das Entstehen einer Rentnerschicht, fördert aber gleichzeitig die private Spartätigkeit, während die Finanzierung über Steuern und Abgaben zunächst einmal den Spielraum für die private Vermögensbildung schmälert.

Wie stark der Staatshaushalt strukturverändernd wirken kann, davon legen die Revolutionsetats der letzten Jahrhunderte ein beredtes Zeugnis ab.[1] Aber auch ohne derartige einschneidende Ereignisse tragen die fast kontinuierliche Erweiterung des staatlichen Haushaltsvolumens und die wachsende Intensität der öffentlichen Finanzwirtschaft zu einer tiefgreifenden Veränderung des Wirtschafts- und Gesellschaftssystems bei. Sie zeigt sich sowohl in der Verschiebung struktureller Daten (z. B. durch Subventionen und durch zollpolitische Maßnahmen) als auch in der Steuerung des Wirtschaftsablaufs (z. B. durch antizyklische Beeinflussung der Wirtschaftsdynamik). Mit zunehmender Verantwortung des Staates für ein möglichst hohes und stetiges Wirtschaftswachstum wird der häufig schon vorausgeplante

[1] Vgl. hierzu F. K. Mann a. a. O., S. 142 ff.

„Wachstumseffekt“ seines Finanzgebarens immer wichtiger. Bedeutsames Merkmal dieses Strukturwandels ist der Trend zur Sozialisierung von Risiken bzw. Verlusten, der einerseits den individuellen Dispositionsspielraum einengt, andererseits jedoch die Stabilisierung der langfristigen Entwicklung fördert.

Besonderes Interesse hat seit jeher die Frage nach den Auswirkungen öffentlichen Finanzgebarens auf die Einstellung der Betroffenen zum Staate bzw. zu den Trägern der Finanzhoheit gefunden. Die Untersuchungen zur Feststellung der „Finanzgesinnung“ *(Grossmann)* bzw. „Steuermentalität“ *(Schmölders)* zeigen deren starke, auch von außerwirtschaftlichen Faktoren abhängende Irrationalität. Die für den einzelnen kaum überschaubare Vielfalt und Verflechtung der Staatseinnahmen und -ausgaben hat zu einem hohen Maß von Orientierungslosigkeit und Interesselosigkeit geführt. Wo der Anspruch des Staates meßbar und zugleich merklich in Erscheinung tritt, also die Betroffenen vor einer echten Entscheidung über die Mittelverwendung stehen, werden die Möglichkeiten der Steuervermeidung und der Steuerüberwälzung bis zur strafbaren Steuerhinterziehung teilweise virtuos gehandhabt. Hierbei zeigt sich, daß die Steuermoral, d. h. „die Einstellung einer Gruppe oder der Gesamtheit der Steuerpflichtigen zur Frage der Erfüllung oder Vernachlässigung ihrer steuerlichen Pflichten“[1] schichtenspezifische Unterschiede aufweist. *Schmölders* konnte in einer Umfrage feststellen, daß „den Steuerdelikten eine um so größere Bedeutung beigemessen wird, je weniger man selbst Gelegenheit dazu hat ...: Die Angestellten beurteilen ... das Steuerdelikt etwas strenger als die Beamten, und diese wiederum sind etwas strenger als die Arbeiter – von ihnen allen heben sich die Selbständigen und die Landwirte durch eine besonders großzügige Einstellung zum Steuervergehen ab.“[2]

[1] Günter Schmölders, Das Irrationale in der öffentlichen Finanzwirtschaft, Hamburg 1960.

[2] Schmölders a. a. O., S. 105 und S. 109.

Die starken Impulse zu strukturellen und funktionellen Veränderungen der gesamten Wirtschafts- und Sozialordnung, die von Umfang, Aufbau und Wirkungskreis des Staatshaushalts ausgehen, haben zu grundsätzlichen Erörterungen Anlaß gegeben, in deren Mittelpunkt das Schlagwort vom „Wohlfahrtsstaat" steht. Ohne die Ausweitung des Staatshaushalts wäre eine Stabilisierung der Wirtschaftsentwicklung bei weitgehender Verminderung der Existenzrisikos für die breiten Bevölkerungsschichten kaum denkbar gewesen. Die Erfahrung zeigte überdies, daß auch seitens der Unternehmungen gegen die Abdeckung eines zu großen Risikos bzw. die Übernahme unrentabler Funktionen kaum Einwände erhoben wurden. Der Preis hierfür bestand allerdings in einer Einengung des privaten Entscheidungsspielraums hinsichtlich wirtschaftlicher Mittel und ihrer Verwendung zugunsten des Staates. Eine Beurteilung dieser Entwicklung kann sich aber nicht allein an Kategorien der Zweckmäßigkeit orientieren, sondern setzt sozialethische Maßstäbe voraus. Sie sollte jedoch stets anhand einer gründlichen Struktur- und Funktionsanalyse des Staatshaushalts erfolgen. Hierfür vermag die Wirtschaftssoziologie wesentliche Gesichtspunkte zu liefern.

5. Die Wirtschaftsorganisationen

Die soziale Dimension des Wirtschaftsablaufs tritt besonders klar in den mannigfachen Zusammenschlüssen der Wirtschaftssubjekte zur Wahrung ihrer Marktinteressen und daraus abgeleiteter Zielsetzungen bzw. Forderungen zutage. Diese organisatorische „Infrastruktur" der Wirtschaftsbeziehungen ist das Ergebnis einer grundlegenden institutionellen Umwandlung der „kapitalistischen" Wirtschafts- und Gesellschaftsordnung.

Der Prozeß der Industrialisierung wurde begleitet vom Vordringen liberaler, individualistischer Wirtschaftsdoktrinen, die auf alle institutionellen Bindungen der Wirtschaft zugunsten der harmonischen Selbstregulierung (Laissez-faire-Prinzip) glaubten verzichten zu können. So steht am Anfang der modernen Wirtschaftsentwicklung die Auflösung ständischer Vereinigungen zur Beeinflussung des Marktverhaltens (in Frankreich: Loi Le Chapelier, 1791; in Großbritannien: General Combinations Act, 1799). An ihre Stelle traten die privatrechtlichen Prinzipien der Vertrags- und Gewerbefreiheit. In der Folgezeit erwies sich jedoch, daß die Kräfte eines ungehemmten allgemeinen Wettbewerbs nicht nur eine Stabilisierung der Wirtschaftsstruktur unmöglich machten, sondern darüber hinaus existenzgefährdende Auswirkungen auf immer breitere Bevölkerungsschichten hatten.

Einen der ersten und folgenreichsten Versuche, den Marktmechanismus durch kollektive Aktion regulierend zu beeinflussen, stellt die Gründung von *Gewerkschaften* dar. Die strukturelle Gleichgewichtslosigkeit des Arbeitsmarktes, wo dem Zwang zum lebensnotwendigen Erwerb seitens des abhängigen Arbeitnehmers der relativ breite Anpassungsspielraum dessen gegenübersteht, der über die Produktionsmittel verfügt, ließ sich nur durch die ausgleichende Gegenkraft der zu Gewerkschaften zusammengeschlossenen Arbeitnehmer mildern. Da der einzelne Unternehmer auf die Dauer jedoch der meist überbetrieblich organisierten Arbeitnehmerschaft gegenüber benachteiligt war, kam es als Reaktion zur Gründung von Arbeitgeberverbänden. In allen fortgeschrittenen Industrieländern bestehen als Folge dieser Institutionalisierung sozialer Spannungen zwischen Arbeitgebern und Arbeitnehmern am Arbeitsmarkt relativ festgefügte Organisationsstrukturen beider Marktpartner.

Die industriellen Arbeitsbeziehungen als Ergebnis des Zusammenwirkens von Gewerkschaften, Arbeitgeberverbänden und insbesondere normierend oder schlichtend eingreifenden staatlichen Instanzen nehmen entsprechend den technischen Produktionsbedingungen, der jeweiligen Wirtschaftsorganisation und der politischen Machtkonstellation unterschiedliche Formen an.

Trotz weitreichender gesellschaftspolitischer Zielsetzungen insbesondere der Gewerkschaften in ihrer Frühzeit wurden die industriellen Arbeitsbeziehungen zunächst als Beziehungen zwischen reinen Marktparteien verstanden, die den autonomen Regeln des Marktes unterworfen waren. Unternehmer und Gewerkschaften der industriellen Frühzeit gingen davon aus, daß der Arbeitslohn der Preis für die Ware Arbeit sei. Allmählich stellte sich heraus, daß insbesondere mit Hilfe der Tarifverträge die Arbeitsmärkte innerhalb gewisser Grenzen gestaltet werden können, daß man sich also nicht der ehernen Gesetzmäßigkeit des Marktmechanismus beugen muß, sondern daß den Tarifpartnern eine eigene Verantwortlichkeit für das Geschehen am Arbeitsmarkt zukommt, woraus sich auch ihre gesetzlich garantierte Tarifautonomie herleitet. Ideologische Gegensätze verhinderten zusammen mit einem noch immer bestehenden fundamentalen Machtungleichgewicht jedoch zunächst die Umgestaltung der Arbeitsverhältnisse im Sinne einer von den Gewerkschaften und Unternehmern gemeinsam getragenen demokratischen Sozialordnung.

So kam es in einem zweiten Entwicklungsabschnitt der industriellen Arbeitsbeziehungen zur Zwangsintegration durch den Staat. Er bediente sich dabei der Ideologie vom Dienst aller Werktätigen an der Allgemeinheit. Daneben wurde auf einzelbetrieblicher Basis eine spätpatriarchalische Werkgemeinschaftsideologie gefördert. Generell kam es zu einer Zurückdrängung der Eigenverantwortlichkeit der Tarifpartner. Diese Periode fiel in Deutschland mit der Diktatur des Nationalsozialismus zusammen. Aber auch in anderen Ländern traten ähnliche Tendenzen auf. Gerade die Struktur der industriellen Arbeitsbeziehungen und die hierbei den Gewerkschaften zukommenden Funktionen sind bis zur Gegenwart ein besonders aussagekräftiges Indiz für autoritäre, d. h. faschistische oder stalinistische Strukturen der jeweiligen Wirtschaftsgesellschaft.

In der hochindustrialisierten modernen Gesellschaft mit der politischen Rahmenordnung einer pluralistischen Massendemokratie erhalten die industriellen Arbeitsbeziehungen eine grundlegende Ordnungsfunktion. Die Gewerkschaften sind weitgehend in die Gesellschafts- und Staatsstruktur integriert, was sich u. a. in ihrer umfassenden Mitwirkung im Bereich der Gesetzgebung, Verwaltung und Rechtsprechung sowie in der wachsenden Zahl von Gemeinschaftseinrichtungen der Arbeitgeberverbände und Gewerkschaften zeigt.[1] Die Institutionalisierung möglicher Konfliktsituationen durch Schaffung arbeitskampfgeschützter Bereiche (vgl. die Friedenspflicht des Betriebsrats in der BRD) und durch Einrichtung von Vermittlungs- und Schiedsinstanzen auf freiwilliger Basis schreitet voran. Außerdem schaffen die auch längerfristig gültigen Regelungen der Tarifverträge zusammen mit einer Ausgestaltung des Arbeits- und Sozialrechts eine bindende Sozialordnung zumindest in wichtigen Ansätzen. Eine mögliche Konsequenz dieser Entwicklung ist z. B. die Bemühung der Gewerkschaften in der BRD um umfassende, auch gesetzlich verankerte Mitbestimmung, d. h. eine gesellschaftspolitische Umformung des ursprünglich rein ökonomisch interpretierten Lohnarbeitsverhältnisses auf der Basis des demokratischen Interessenausgleichs. Das Ausmaß und die Formen, in denen diese Bemühungen verwirklicht werden, können als wesentliche Gradmesser einer von sozialen Innovationen getragenen Fortentwicklung des Wirtschaftssystems betrachtet werden. Vorerst erscheinen jedoch insbesondere die Probleme einer Abwendung oligarchischer Tendenzen durch demokratische Basisprozesse innerhalb der Gewerkschaften und der Betriebe und die Berücksichtigung wohlverstandener Interessen Dritter (Kapitalgeber, Marktpartner, Öffentlichkeit) noch ebenso wenig gelöst wie die Garantie

[1] Vgl. hierzu J. Hirsch, Die öffentlichen Funktionen der Gewerkschaften, Stuttgart 1966 sowie E. Bötticher, Die gemeinsamen Einrichtungen der Tarifvertragsparteien, Heidelberg 1966.

einer produktivitäts- und marktorientierten Wirtschaftsführung bei politisch beeinflußter Willensbildung in den Entscheidungsgremien. Überdies werden von verschiedenen Gruppen sowohl Notwendigkeit als auch Wünschbarkeit einer weiterführenden Integration der Gewerkschaften in die Gesellschaft auf Grund ausgebauter Beteiligungsrechte mit dem Argument in Frage gestellt, sie hätten kompromißlos und unbeschränkt allein für die Interessen ihrer Mitglieder zu kämpfen.[1]

Ein ähnlich weitreichendes Ergebnis der organisierten Selbsthilfe war die Gründung von *Genossenschaften,* d. h. der Zusammenschluß gleichberechtigter Partner zu Wirtschaftseinheiten, die sich die wirtschaftliche Förderung ihrer Mitglieder zum Ziel setzen und prinzipiell den Interessenten zum Beitritt offenstehen.

Es gibt zwei grundlegend verschiedene Genossenschaftstypen, je nachdem, ob besonderer Nachdruck auf die soziale Integration der Beteiligten oder ob besonderes Gewicht auf die soziale Wirksamkeit nach außen hin gelegt wurde. Im ersten Falle bildeten sich Genossenschaften als kleine, überschaubare Lebensgemeinschaften, in denen die Vielgestaltigkeit der modernen Gesellschaft von der Arbeitsteilung bis zum Wertepluralismus negiert und durch Fusion sozialer Rollen aufgehoben wurde. Im zweiten Fall wurden die Genossenschaften zu sozialökonomischen Interessenverbänden, meist mit eigenen Geschäftsbetrieben, die nur eine funktionelle Teilintegration ihrer Mitglieder anstrebten. Typische Beispiele sind die neuzeitlichen Erwerbs- und Verbrauchergenossenschaften, die den Menschen in einer bestimmten Rolle, z. B. als Produzenten von Agrarprodukten, als gewerbetreibenden Kreditnehmer, als Verbraucher u. ä. vergesellschaften, ohne ihn zur Aufgabe seines eigenen Wirtschaftsbetriebs bzw. Haushalts zu zwingen.

[1] Vgl. hierzu F. Deppe u. a., Kritik der Mitbestimmung, Frankfurt/M. 1969.

Hinsichtlich der Wirtschaftsstruktur wirken die Genossenschaften als Stabilisatoren personaler Einzelwirtschaften, denen sie die Vorteile großbetrieblicher Beschaffungs-, Produktions- und Absatzformen verschaffen, ohne die Eigenverantwortlichkeit der einzelnen Genossenschafter aufzuheben. So zielen sie auf die Funktionsfähigkeit kleiner Wirtschaftseinheiten hin in einer Zeit, die zur wachsenden Integration zu großen Leistungseinheiten und gleichzeitig zur Individualisierung der Verbraucherschaft tendiert.

Diese Verbesserung der wirtschaftlichen Konkurrenzsituation ist zugleich Grundlage und Ausgangspunkt für die soziale Funktion der Genossenschaften als Stabilisatoren bestimmter Lebensformen. Zunächst wurde die Masse der Bauern, Handwerker und Händler durch Mitarbeit in einer Genossenschaft ebenso mit neuen Denk- und Verhaltensweisen vertraut gemacht, wie die Verbrauchergenossenschaften das Wirtschaftsgebaren insbesondere der Arbeitnehmerhaushalte von traditionellen Verhaltensmustern fort in Richtung zweckrationaler Mitteldispositionen umgewandelt haben. Aber gerade durch diese Anpassungs-, Orientierungs- und Bildungshilfen der Genossenschaften bleibt die personale Grundstruktur der Mitgliederwirtschaften im wesentlichen erhalten und damit die Grundlage einer Lebensführung, die widerstandsfähiger gegenüber den manipulierenden Einflüssen wirtschaftlicher Machtblöcke ist.

Die Genossenschaften fördern die gesamtgesellschaftliche Integration, indem sie die Wirtschaftssubjekte eines Wirtschaftssektors organisatorisch zusammenfassen und damit deren Interessen repräsentationsfähig machen, gleichzeitig aber die verschiedenen privaten Interessen solidarisch aufeinander beziehen und so auf einen Ausgleich schon in der internen Willensbildung hinwirken. Diese solidarische Willensbildung strahlt in der Regel über rein wirtschaftliche Belange in das Feld gesellschaftspolitischer Entscheidungen aus. Verhindern die Genossenschaften durch die wirksame Organisation der Mitgliederinteressen ein Absinken in unterprivilegierte soziale Randstellungen, so fördern sie gleichzeitig durch Anwendung des Prinzips der Selbsthilfe und der Selbstverwaltung eine Entlastung der öffentlichen Hand. Indem sie das Wirtschaftsgebaren ihrer Mitglieder ordnen, geben sie diesen die Chance, durch eigene Kraft bzw. tätige Mitwirkung ihre Interessen wirksam zu vertreten, wodurch die Demokratisierung und auch die Entbürokratisierung des jeweiligen Gesellschaftssektors gefördert werden kann. Allerdings besteht auch die Gefahr des Mißbrauchs der Verbandsmacht, insbesondere durch Oligarchiebildung in den Führungsgremien und durch den Aktivismus von Randgruppen mit ausgeprägten Partikularinteressen.

Während anfänglich umfassende Koalitionsverbote vor allem die Entwicklung wirtschaftlicher Organisationsformen vom Typ der Gewerkschaften stark behinderten, wurde in der zweiten Hälfte des 19. Jahrhunderts zunehmend ihre soziale und wirtschaftliche Ordnungsfunktion erkannt. Zusammenschlüsse der Landwirte, Handwerker, Händler und Gewerbetreibenden zu Innungen, sowie Landwirtschafts-, Handwerks-, Industrie- und Handelskammern übernahmen allmählich wichtige Selbstverwaltungsaufgaben, die das Funktionieren der Marktwirtschaft wesentlich verbesserten, indem sie z. B. die Markttransparenz und Marktanpassung förderten, die Startchancen bei der Aufnahme wirtschaftlicher Tätigkeiten vereinheitlichten, sowie durch Verhaltensnormierung und entsprechende Sanktionen den unlauteren Wettbewerb unterbanden. Auch auf dem Dienstleistungssektor der Wirtschaft bildete sich allmählich eine Vielzahl berufsständischer Organisationen heraus, die zur Vereinheitlichung der Marktleistungen beitrug.

Neben diese umfassende soziale Strukturierung der Wirtschaft durch eine große Zahl von Verbandsgründungen mit teilweise öffentlich-rechtlichem Status traten mit wachsender Marktverflechtung „strategische“ Zusammenschlüsse von Marktteilnehmern. Über die reine Ordnung des Wirtschaftsablaufs hinaus verfolgten sie meist eine Verbesserung der Erwerbschancen, die durch gemeinsame Aktionen auf der Grundlage einer mehr oder weniger starken Beschränkung der individuellen Handlungsfreiheit erreicht werden soll. Wichtigste Formen sind die *Kartelle* und die *Konzerne*.

Kartelle entstehen durch vertraglichen Zusammenschluß mehrerer Unternehmungen des gleichen Wirtschaftszweiges bei Wahrung der formalen Selbständigkeit. Sie erstreben in erster Linie eine Koordinierung der Geschäftspolitik (Regelung der Produktions- und Absatzbedingungen). Demgegenüber sind die Konzerne oder Trusts Vereinigungen mehrerer Unternehmungen gleicher oder verschiedener Produktionsstufe unter einer einheitlichen Führung. Je nach dem Ausmaß der Marktkontrolle wird zwischen Monopolen, Teilmonopolen, Oligopolen usw. unterschieden.

Hauptursachen dieser organisatorischen Zusammenschlüsse zum Zwecke der Konzentration und Ausübung wirtschaftlicher Macht sind

1. technologisch: der in einzelnen Branchen auftretende Zwang zur Verbundproduktion (chemische Industrie) sowie die Notwendigkeit zum Aufbau zentraler Forschungseinrichtungen;

2. betriebswirtschaftlich: die Kostenersparnis durch spezialisierte Großserien- bzw. Massenproduktion, der Wunsch nach Risiko- und Ertragsausgleich, die Sicherung des Rohstoffbezugs und der Absatzmärkte sowie der Zwang zur ständigen Rationalisierung;

3. volkswirtschaftlich: die Kapitalmarktstruktur, die Auswirkungen einer allgemeinen Wirtschaftsexpansion und die Bildung größerer Wirtschaftsräume;

4. staatlich: vor allem die Finanzpolitik (Steuergesetzgebung) kann den Auf- und Ausbau von Konzernen fördern. Auch die Patentgesetzgebung und das Aktienrecht wirken sich teilweise in ähnlicher Richtung aus;

5. sozialpsychologisch: das Macht- und Herrschaftsstreben der Beteiligten.

Angesichts dieser Vielzahl der Entstehungsursachen ist es kaum möglich, durch Globalmaßnahmen den bestehenden Zustand radikal zu ändern. Das Problem der Machtkonzentration in der Wirtschaft und ihrer Kontrolle ist nicht allein mit rein wirtschaftlichen Mitteln oder speziellen Gesetzen zu lösen, sondern betrifft die Grundlagen der gesamten Gesellschaftsordnung. Inwiefern es gelingen kann, durch Schaffung von Gegenkräften[1], z. B. durch Kooperation von Klein- und Mittelbetrieben, oder durch Teilsozialisierung bzw. öffentliche Aufsicht die Gefahr des Machtmißbrauchs zu bannen, bedarf eingehender Spezialuntersuchungen in jedem Einzelfall.[2]

Die Folgen dieser wachsenden organisatorischen Verflechtung der Wirtschaftssubjekte sollen nun getrennt für den Bereich des Marktverhaltens und den Bereich der gesamtgesellschaftlichen Struktur aufgezeigt werden.

a) Das Verhalten der Marktorganisationen

An die Stelle des individuellen Anpassungsverhaltens am Markt ist in weitem Umfang die organisierte Gruppenkonkurrenz getreten, die mehr oder weniger Spielraum für strategische Erwägungen läßt. Jede Marktordnung durch Verbandseinflüsse oder Konzentrationsbestrebungen ist zugleich eine Verhaltensregelung. Das Ergebnis organisierter Markteingriffe kann hierbei von der partiellen Verhaltensbeeinflussung über einen generellen Konformitätsdruck bis zur direkten Marktausschaltung reichen. Wie stark die ursprüngliche Marktstruktur erhalten bleibt, hängt von der Struktur des jeweiligen Entscheidungsfeldes ab. Die interne Verbands- bzw. Kartell- oder Konzernstruktur, die Marktlage und technisch-wirtschaftliche

[1] Vgl. hierzu die Theorie der „countervailing powers" von J. K. Galbraith in seinem Buch: American Capitalism, Boston 1952.

[2] Dies ist ein Grund dafür, daß die Zahl der Staaten wächst, die in der Monopolkontrolle das Schwergewicht auf die Tätigkeit besonderer Untersuchungsausschüsse legen.

Entwicklungstendenzen sind neben dem allgemeinen Einfluß der Öffentlichkeit und des Staates die wichtigsten Beeinflussungsfaktoren.

Zunächst besteht als wesentliche Aufgabe jeder Marktorganisation die *einheitliche Willensbildung* und entsprechende *Koordinierung der Verhaltensweisen* der Mitglieder. Für das Gebiet der Kartellpolitik hat eine ausgezeichnete Studie von *Kestner* über den „Organisationszwang"[1] die hierbei möglichen Mittel aufgezeigt. In den meisten Fällen ist jedoch die einheitliche Grundhaltung nur auf dem Wege des Kompromisses zu erreichen. Sie ist außerdem sehr erfolgsempfindlich.

Ein zweiter Bereich der *Einflußnahme* erstreckt sich *auf die Marktpartner*. Vor allem dort, wo es sich um relativ unabhängige Schichten handelt, wie z. B. bei Konsumenten von leicht substituierbaren Gütern, gewinnt die entsprechende Strategie mehr und mehr sozialpsychologische Züge (Werbung). Bestehen jedoch Abhängigkeitsverhältnisse, wie z. B. bei Zulieferern, ist der Einfluß im allgemeinen direkter und wird mit Hilfe verschiedenartigster sozialer Sanktionen ausgeübt. In jedem Falle wird der Entscheidungsspielraum der Marktpartner durch organisierte wirtschaftliche Macht zugunsten vorgezeichneter Verhaltensalternativen eingeengt. Hierin liegt der Kern des sogenannten „Monopolproblems".

Während die strategischen Zusammenschlüsse von Marktteilnehmern in Kartellen bzw. Konzernen in erster Linie auf das eigentliche Marktverhalten gerichtet sind, sind die Wirtschaftsverbände durch einen Aktionsradius gekennzeichnet, der über die direkten Marktbeziehungen weit hinausreicht. In zahlreichen Fällen ist gerade die relative Marktferne Merkmal der Verbandsoperationen. Darin spiegelt sich zugleich die enge Interdependenz zwischen interner Wirtschaftsstruktur und gesellschaftlichen Vorgängen in anderen Bereichen, z. B. der Politik.

[1] Fritz Kestner, Der Organisationszwang, Berlin (1912) 1927^2.

Es handelt sich bei den Aktionen vieler Verbände also vorwiegend um die Beeinflussung des „Datenkranzes".

Im Bereich der *öffentlichen Meinungsbildung* tritt die nichtwirtschaftliche Argumentation zugunsten verdeckter wirtschaftlicher Zielsetzungen besonders stark zutage. Die Meinungsbeeinflussung seitens der Wirtschaftsverbände umspannt praktisch die ganze Skala möglicher Handlungsimpulse von rein materiellen Erwägungen bis zur weltanschaulichen Argumentation. Darin spiegelt sich auch die Transformation der ursprünglich rein wirtschaftlichen Interessenlage in die verschiedensten sozialen Bereiche.

Wohl der wichtigste Einflußbereich der Wirtschaftsorganisationen ist *der staatliche Raum:* die politische Willensbildung, die öffentliche Verwaltung und nicht zuletzt die Rechtsprechung. Im gruppenpluralistisch strukturierten Staat der Gegenwart tritt die Vertretung wirtschaftlicher Interessen nicht nur in Form der von Lobbyisten repräsentierten pressure groups hervor, die die Parteisekretariate, Behörden und Parlamente mit Unterlagen und Anliegen überschwemmen. Sie treten auch direkt in der Zusammensetzung der politischen Entscheidungsinstanzen zutage. Vom „Konzessionsschulzen" der Weimarer Republik bis zum für politische Tätigkeit beurlaubten Verbandssekretär bzw. Direktionsmitglied hat sich dieser direkte Einfluß systematisiert, wie die Kandidatenaufstellung vor den Wahlen deutlich zeigt.

b) Gesamtgesellschaftliche Auswirkungen

Die Gründe für die Einflußnahme der Wirtschaftsorganisationen und -gruppen auf Regierung und Politik liegen einmal im Wirtschaftsinterventionismus des Staates selbst, worauf besonders von liberaler Seite hingewiesen worden ist.[1] Je stärker der Staat die Wirtschaft steuert oder auch nur beeinflußt, desto

[1] Vgl. z. B. Emil Küng, Parteien und Verbände, Zürich 1954.

stärker ruft er die Kräfte wach, die die Richtung der Eingriffe zu beeinflussen versuchen. Andererseits darf aber auch nicht übersehen werden, daß der Staat um des gesellschaftspolitischen Ausgleichs willen zu diesem Interventionismus gerade auch durch die wirtschaftlichen Interessengruppen gezwungen wird, denn nicht alle Teilnehmer am Wirtschaftsleben sind gleich stark und gleich gut organisiert. Die Koordinierung der Ansprüche und eine entsprechend ausgewogene Haltung muß aber gerade den Verbandsvertretern wieder als Interventionismus erscheinen, obwohl es sich hier der Sache nach um die gesellschaftserhaltende Integration der Partikularinteressen handelt.

Es wird deutlich, daß das Problem der Wirtschaftsorganisationen in das Gebiet der politischen Soziologie hinüberreicht. Doch sind gerade die Rückwirkungen auf die Sozialstruktur der Wirtschaftsbeziehungen so tiefgreifend, daß die damit verbundenen Erscheinungen nicht nur unter dem politischen bzw. verfassungsrechtlichen Gesichtspunkt gesehen werden sollten, wie dies meist der Fall ist. In den Wirtschaftsorganisationen konzentrieren sich wesentliche strategische Elemente des Wirtschaftsverhaltens. Durch Einschränkung und Normierung der individuellen Verhaltensspielräume sind sie wesentliche Triebkräfte der Institutionalisierung des Wirtschaftsablaufs. Gleichzeitig fungieren sie als Bindeglieder zwischen Wirtschaft und Gesamtgesellschaft.

Die Wirtschaftsorganisationen tragen zweifellos viel zur Stabilisierung der Wirtschaftsbeziehungen bei und nehmen Ordnungsfunktionen wahr, die nur durch Selbstverwaltung zu verwirklichen sind. Andererseits verstärken sie die Aufteilung der Gesamtgesellschaft in relativ autonome, mehr oder weniger straff organisierte Interessenbereiche, deren Koordinierung äußerst schwierig ist. So lange sich allerdings die Gegenkräfte verteilen, besteht die Chance für einen Verhaltens- und Gestaltungsspielraum auf der Basis des „schöpferischen Kompromisses“. Die Festigung des Staates wie auch der Wirtschaftsinstitutionen wird deshalb wesentlich davon abhängen, daß die in der Verbandsentwicklung und der Konzentrationsbewegung zutage tretende Tendenz zur Institutionalisierung wirtschaftlicher Macht mit gesamtgesellschaftlicher Ausstrahlung nicht zu einseitigen Machtzusammenballungen führt. Diese Schlußfolgerung verdeutlicht die Bedeutung, die in der gegenwärtigen Phase der sozialen und wirtschaftlichen Entwicklung einer soziologischen Analyse der Wirtschaftsorganisationen zukommt.

IV. Die Wirtschaftsdynamik

Die raum-zeitliche Ausdehnung jedes Wirtschaftsvorganges erfordert eine Ergänzung der institutionsbezogenen Strukturanalyse durch Verlaufsanalysen. Hierbei tritt, durch den sozialen Charakter der Vorgänge bedingt, eine Reihe methodologischer Schwierigkeiten auf, mit denen sich die wirtschaftssoziologische Forschung auseinanderzusetzen hat. Die relative Stabilität der Wirtschaftsinstitutionen und das Vorhandensein habitualisierter Verhaltensweisen können leicht zu der Auffassung führen, der Vollzug wirtschaftlicher Handlungen sei als reiner Ablauf im Rahmen eines eindeutig definierten Bezugssystems zu verstehen. Derartige „reine“ Abläufe sind in der Wirklichkeit jedoch nur selten zu beobachten. Während in vielen theoretischen Modellen die Ausgangslage den Endzustand nach Ablauf des jeweiligen Wirtschaftsprozesses eindeutig determiniert, zeigt die empirische Analyse stets eine Vielzahl von „Abweichungen“. Sie erklären sich daraus, daß das Wirtschaftsgeschehen ständige Veränderungen in den quantitativen und qualitativen Beziehungen der Wirtschaftssubjekte untereinander und in den Formen des sozialen Zusammenwirkens auslöst. Jede Fixierung einer Ausgangslage bzw. eines Endzustandes muß notwendigerweise willkürlich sein. Sie zerstört die tatsächlich vorhandene Kontinuität der Wirtschaftsprozesse. Dieser Fehler läßt sich durch das

Kreislaufschema vermeiden, das jedoch die Richtung des Ablaufs prädestiniert und bei der Anwendung auf konkrete Fälle leicht dazu verleitet, Störungen durch strukturelle Verlagerungen zu übersehen.

Neben diese Schwierigkeit, die Wirtschaftsdynamik als Abfolge linearer bzw. zirkularer Prozesse zu erfassen, tritt als zweites Problem die Isolierung von Ursache und Wirkung. Immer wieder ist versucht worden, die Wirtschaftsveränderungen mit Hilfe einer oder nur weniger Determinanten meist quantitativen Charakters (z. B. Geldmenge, Investitions- und Verbrauchsvolumen) zu erklären. So wertvoll diese Bemühungen für die theoretische Einsicht waren, so sehr finden sie jedoch bei der Anwendung auf die Realität ihre Grenze an der tatsächlich vorhandenen Multikausalität des Wirtschaftsgeschehens und seiner engen Verflechtung mit außerwirtschaftlichen Faktoren.

Als Bezugsrahmen für die soziologische Analyse der Wirtschaftsdynamik empfiehlt sich deshalb die Vorstellung eines mehr oder weniger offenen sozialen Feldes, in dem alle Faktoren zueinander in unterschiedlich starker, latenter oder manifester Wechselbeziehung stehen. Diese Beziehungen haben je nach dem Ausmaß ihrer Institutionalisierung einen unterschiedlichen Freiheitsgrad, der mit dem Entscheidungsspielraum der Wirtschaftssubjekte identisch ist. Die vollständige Determiniertheit des Ablaufs ist deshalb stets erst eine nachträgliche Rationalisierung.

Die Anfänge der systematischen Erforschung der Wirtschaftsdynamik sind eng mit der wirtschaftssoziologischen Kritik an liberalistischen Gleichgewichtsvorstellungen (Wirtschaft als naturgesetzlich determinierter Kausalmechanismus) verbunden. Der postulierten Autoharmonie des Wirtschaftsablaufs stellten *Sismondi, Rodbertus, Marx* u. a. die periodisch wiederkehrenden, häufig krisenartigen Störungen des Wirtschaftslebens gegenüber. Neben diesen sozialkritischen Gegenpositionen trugen vor allem auch der Entwicklungsgedanke der romantischen Gesellschaftsphilosophie und der Einfluß des Historismus dazu bei, die Anwendung des der klassischen Physik entlehnten Gleichgewichtsprinzips auf sozialökonomische Realphänomene fragwürdig werden zu lassen. In seiner fiktiven Fassung behielt es innerhalb der reinen Theorie allerdings weiterhin seine zentrale Bedeutung.

Von der Untersuchung der „gleichgewichtsstörenden" Krisen ausgehend wurden dann die verschiedenen Formen der Wirtschaftsschwankungen entdeckt und ihr Verlauf empirisch festgestellt. Bei dem Versuch, nicht nur die Ursache einer bestimmten Schwankung, sondern die Gründe der Periodizität überhaupt zu finden, stellte sich der komplexe Wirkungszusammenhang aller Beeinflussungsfaktoren heraus. Das Interesse der Forschung wandte sich der allgemeinen Wirtschaftsdynamik zu, wie sie in den „Wachstumsprozessen" und Stagnationserscheinungen zum Ausdruck kommt. Hierbei traten soziologische Faktoren mehr und mehr in das Blickfeld der Untersuchungen. Sie sollen in den folgenden Abschnitten behandelt werden.

1. Die Wirtschaftsschwankungen

Die unterschiedliche Intensität des Wirtschaftsablaufs und seine Störung durch Krisen läßt sich bis in die Antike nachweisen. Während aber bis zur Neuzeit diese Schwankungen meist auf Naturereignisse (Mißernten, Seuchen usw.) oder außerwirtschaftliche Sozialvorgänge (Kriege) zurückzuführen waren, erhielten sie mit dem Aufkommen intensiver Erwerbswirtschaft, d. h. der Ausbreitung geldwirtschaftlich gesteuerter Marktbeziehungen, einen völlig neuen Charakter. Die Krisen wurden immer stärker durch die innerwirtschaftliche Struktur selbst bedingt. Zugleich entstand der ausgeprägte Phasencharakter des Verlaufs wirtschaftlicher Tätigkeit, der periodische Wechsel von Depression, Erholung, Aufschwung und Rückschlag.

Der wirtschaftssoziologische Beitrag zur Erklärung dieser systemimmanenten Wirtschaftsschwankungen liegt im Gegensatz zur quantitativen, ökonometrischen Analyse der Leistungsströme vor allem in der Klärung struktureller Veränderungen in den Verhaltensweisen der Beteiligten und in den Wirtschaftsinstitutionen. Neben diesen endogenen Veränderungen sind exogene, d. h. außerwirtschaftliche Sozialfaktoren zu berücksichtigen.

Die Einführung der marktorientierten Geldwirtschaft hat den Freiheitsgrad, den Verfügungsspielraum der Wirtschaftssubjekte, außerordentlich erweitert. Die gleichzeitig einsetzende Marktverflechtung ermöglichte zudem eine immer umfassender werdende Weitergabe von Wirtschaftsimpulsen. Mit der Intensivierung der Marktbeziehungen als Folge zunehmender Arbeitsteilung, des Ausbaus des Kreditsystems und der internationalen Marktausweitung vergrößerte sich die gegenseitige Abhängigkeit. Sie nahm aber gleichzeitig einen unpersönlichen Charakter an. Waren die Dispositionen des Verbrauchers bzw. der Unternehmensführung in den Anfängen der Industrialisierung sehr stark aufeinander bezogen, so wurden sie im Verlauf der Entwicklung immer autonomer und weniger leicht überschaubar. Mit der Verstärkung des strategischen Elements in den Marktbeziehungen begannen die Unternehmungen z. B. nicht mehr allein zur Deckung eines vorhandenen Güterbedarfs zu investieren, sondern in Erwartung eines künftigen. Die Haushalte wurden mit steigendem Lebensstandard viel elastischer in ihrer Ausgabengestaltung, zugleich aber auch kurzfristigen Einflüssen gegenüber zugänglicher. Mit der sich in diesen Merkmalen äußernden wachsenden Nachfrageelastizität auf zahlreichen Märkten nahm die Wahrscheinlichkeit struktureller Verschiebungen in den Dispositionen der Marktpartner zu. Je größer die Rolle der „höheren" Bedürfnisse mit ausgeprägter

Plastizität und je autonomer die Investitionsentscheidungen wurden, desto stärker wurde die Konjunkturempfindlichkeit der Wirtschaft.

Daneben traten auch in der entwickelten Marktwirtschaft immer wieder raum-zeitliche Entwicklungsunterschiede auf, die auf unterschiedliche Produktions- und Absatzbedingungen zurückzuführen sind. Man denke z. B. an den circulus virtiosus der Überproduktion, der im Agrarsektor ausgelöst wird durch den Zwang zur produktivitätssteigernden, „industriewirtschaftlichen“ Rationalisierung (Motiv: Einkommenssteigerung) bei nur geringfügig vermehrbarer Produktnachfrage. Ähnlich große Probleme bieten Industriezweige mit relativ starrer, auf Jahrzehnte festgelegter Produktionsstruktur, die kurzfristig in den Bereich ruinöser Substitutionskonkurrenz geraten, wie z. B. der Kohlenbergbau. Die Unvollkommenheit des Marktmechanismus bringt zudem Störungen in der zeitlichen Koordinierung der Reaktionen der Marktpartner.

Das Vermögen, sich an derartige strukturelle Verlagerungen anzupassen und die „time lags“ in der Wirtschaftsentwicklung allmählich auszugleichen, ist bei den Wirtschaftssubjekten unterschiedlich. Zunächst bestehen zahlreiche wirtschaftlich-technische Schwierigkeiten, kurzfristig den Produktionsapparat und die Einrichtungen zur Güterverteilung zu ändern. Die Mobilität der materiellen Produktionsfaktoren wird durch die zunehmende Arbeitsteilung und die komplizierter werdende Struktur der Fertigung vermindert. Aber auch die Mobilität der Arbeitskräfte ist durch die wachsende berufliche Spezialisierung und soziale Bindung (Eigenheim, Verwandte) begrenzt. Je stärker außerdem das Wirtschaftsverhalten durch Gewohnheit, langfristige Verträge und organisatorische Bindungen institutionell gebunden ist, desto schwieriger und langwieriger wird die Anpassung. Andererseits entwickelten sich auch neue Anpassungsmechanismen, z. B. moderne Methoden der Risikoabdeckung und Möglichkeiten seiner Verminderung (Selbstfinanzierung), die den Dispositionsspielraum erhöhen, Verbesserungen der Umstellungselastizität der Produktion durch Aggregatenormierung, Einrichtungen zur systematischen Produktentwicklung unter Berücksichtigung eines sorgfältig vorausberechneten Zukunftsbedarfs usw. Zahlreiche institutionell verankerte überbetriebliche Anpassungshilfen (aktive Arbeitsmarktpolitik, staatliche Kredithilfen, offizielle Marktinformationen usw.) dienen dem Ausgleich struktureller Veränderungen.

Während die Anpassung an die wirtschaftsinterne Dynamik durch systematische Planung erleichtert werden kann, sind die exogenen Einflüsse auf den Wirtschaftsablauf kaum im voraus zu berechnen und schwieriger zu neutralisieren. Hierher gehören vor allem Veränderungen im Naturgeschehen, die die wirtschaftliche Tätigkeit beeinflussen. Die politischen Veränderungen wirken jedoch noch intensiver, weil sie die Erwartungen der Wirtschaftssubjekte langfristig prägen können. Vor allem die Chancen der Marktausweitung, die wesentlich durch die internationalen Wirtschaftsbeziehungen beeinflußt werden, waren stets von der Politik abhängig. Je stärker die Verflechtungen an den Weltmärkten sind, desto rascher sind die Reaktionen auf politische Störungen.

Die verschiedenen endogenen und exogenen Impulse struktureller Verschiebungen wirken zwar unabhängig voneinander, sie überlagern sich jedoch in ihren Wirkungen, indem sie die Wirtschaftslage abschwächend, verstärkend oder durch gegenseitige Neutralisierung beeinflussen. Wie stark die Interdependenz der Faktoren ist, zeigt die Tatsache, daß seit 1890 die Wirtschaftsschwankungen einem internationalen Rhythmus folgen, dem sich jedes Land, das moderne privatkapitalistische Wirtschaftsformen übernimmt, zwangsläufig anschließt.

Die tatsächlich erfolgenden Wirtschaftsschwankungen sind noch nicht durch die Analyse der strukturverändernden Faktoren erklärt. Es gibt im Wirtschaftsablauf häufig kritische Situationen, die doch zu keiner wesentlichen Verminderung der

Wirtschaftstätigkeit führen, weil die Motivation der Beteiligten entgegengesetzt wirkte. Damit wendet sich das Interesse den auslösenden Impulsen der wirtschaftlichen Wechsellagen zu, den entscheidenden Verhaltensänderungen, von deren Art und Wirkungsweise vor allem abhängt, ob sich die Lage zur Krisensituation verschlimmert.

Vorbedingung jedes Wirtschaftsumschwungs ist, daß die Disproportionalitäten auf der Grundlage struktureller Veränderungen so groß geworden sind, daß die Anpassungsmechanismen der Wirtschaftsinstitutionen kurzfristig nicht mehr wirksam werden. Es sind also Entscheidungen von größerer Tragweite erforderlich. Damit gewinnen sozialpsychologische Faktoren entscheidendes Gewicht. Die allgemeine Stimmung der breiten Massen, das Verhalten einflußreicher Meinungsträger und zahlreiche Imponderabilien vermögen die Entscheidungen zu beeinflussen. Viel hängt auch davon ab, ob das soziale Bezugssystem der Entscheidungsträger eine positive Beurteilung der Erwartungen zuläßt. Ohne Krisenbewußtsein entsteht keine dauerhafte Krise.

Neben der kurzfristigen Meinungsbildung und Situationsbeurteilung wirken selbstverständlich auch die dauerhafteren Einflüsse der verschiedenen Interessenlagen. Es gab Krisen, die sich nicht ohne die Annahme erklären lassen, daß es einflußreichen Spekulanten à la baisse gelungen war, den Gang der Ereignisse zu bestimmen. Die Kaufkraftaufwertung in der Depression sowie die Möglichkeit zur leichten Veränderung des Kapitalbesitzes boten genügend Anreize für ein derartiges Verhalten. Durch den politischen Strukturwandel zur modernen Massendemokratie mit allgemeinem und gleichem Stimmrecht ist allerdings diese Möglichkeit weitgehend ausgeschaltet. Die bewußte Verstärkung des Rückschlags oder auch nur die Verhaltensindifferenz angesichts der Krise sind vor allem aus gesamtgesellschaftlichen Gründen, aus der Furcht vor den sozialen Folgen untragbar geworden. Hierin kennzeichnet sich ein tiefgreifender Strukturwandel der Wirtschaftsverfassung moderner Industrienationen. Der Weg vom Glauben an eine naturgesetzliche Determination des Wirtschaftsablaufs und die Selbstheilungskräfte der Wirtschaft über die Interessenbeeinflussung bis zur gesetzlich verankerten Pflicht des Staates zur Vollbeschäftigungspolitik (USA 1947) zeigt deutlich, wie stark ideologische Faktoren und gesellschaftliche Ordnungsvorstellungen die Bewertung der Wirtschaftsschwankungen verändern und sie dadurch auch in ihrer Stärke und ihrem Verlauf zu beeinflussen vermögen. Durch staatliche Normsetzungen entsprechend den Forderungen der verschiedenen sozialen Gruppen (Vollbeschäftigung, Geldwertstabilität) und Institutionalisierung des kurzfristigen Anpassungsprozesses (Notenbankpolitik u. a.) sowie eine Fülle von Anpassungshilfen bei strukturellen Störungen (Konjunkturpolitik) wird ein Mindestmaß an Planung und Koordinierung der Wirtschaftshandlungen erreicht, das eine kumulative Wirkung der Störungsfaktoren begrenzt. Dem wirkt allerdings die wachsende internationale Wirtschaftsverflechtung entgegen, die bei liberalisiertem Außenhandel den Spielraum für eine autonome Konjunkturpolitik verringert. Wie im politischen Bereich kommt auch in der Wirtschaft den Hegemonialmächten entscheidender Einfluß zu.

2. Langfristige Wachstumsphasen

Trotz periodischer Schwankungen der Wirtschaftsintensität und gelegentlicher krisenhafter Rückschläge kann seit Beginn der Industrialisierung eine fortschreitende Entfaltung der Produktivkräfte festgestellt werden, die sich in wachsenden Produktionszahlen pro Kopf der Bevölkerung äußert. Dieser wirtschaftliche Wachstumsvorgang ist eng mit dem Entstehen und der Entwicklung der industriellen Erwerbsgesellschaft (Kapitalismus) verbunden. Die Anfänge seiner Erforschung fallen in das 19. Jahrhundert. Im Anschluß an die bahnbrechenden

Arbeiten von *Friedrich List* und *Karl Marx* und anknüpfend an die darin enthaltenen gesellschaftspolitischen Schlußfolgerungen haben vor allem die vom Historismus beeinflußten Forscher (in Deutschland u. a. *Max Weber* und *Werner Sombart*) Fragestellung und Analyse differenziert und teilweise vertieft. Diese Untersuchungen haben – wie schon erwähnt – wesentlich zur Konstituierung der Wirtschaftssoziologie beigetragen. Gegenüber der sich aus diesen Fragestellungen entwickelnden, rein historisch orientierten Wirtschaftsstilforschung *(A. Müller-Armack)* hat neuerdings das Interesse an gegenwartsbezogenen Analysen langfristigen Wirtschaftswachstums und seiner Bedingungen besondere Bedeutung erhalten. Hierin spiegelt sich neben dem Interesse an den Industrialisierungsvorgängen in den Entwicklungsländern vor allem auch das durch die sozialen Veränderungen geweckte Krisenbewußtsein gesellschaftlich maßgebender Kreise, das in das Postulat stetigen Wirtschaftswachstums mündet. An die Stelle hypothetisch formulierter „Entwicklungsgesetze“ mit der immanenten Gefahr des Wirtschaftsdeterminismus und nur idealtypisch geltender „Wirtschaftsstile“ tritt mehr und mehr die empirische Analyse der „Unterschiede menschlichen Verhaltens . . ., welche das ökonomische Wachstum beeinflussen.“[1]

a) Beeinflussungsfaktoren

Die Erkenntnis, daß zur Klärung der langfristigen Wirtschaftsdynamik eine Analyse des gesamtgesellschaftlichen Kraftfeldes notwendig ist, geht auf *Karl Marx* zurück (vgl. auch Kapitel V). Seiner Zeit vorauseilend hat er die Interdependenz materieller und technischer Faktoren („Produktionsmittel“), der sozialen Institutionen („Produktionsverhältnisse“) und der gesamtgesellschaftlich geltenden kulturellen Bezugssysteme („Überbau“) er-

[1] W. A. Lewis, Die Theorie des wirtschaftlichen Wachstums, Tübingen und Zürich 1956, S. 3.

kannt und die Entwicklung der Produktivkräfte von ihr abhängig gemacht. Seither haben zahlreiche soziologisch orientierte Untersuchungen den Strukturwandel dieser Faktoren und ihren Einfluß auf die Wirtschaftsdynamik festzustellen versucht.

Eine grundlegende Bedeutung kommt hierbei der *Bevölkerungsdichte* und ihrer Veränderung zu. Im Rahmen seiner soziologischen Bevölkerungslehre hat *Gerhard Mackenroth* dargestellt, wie die europäische Bevölkerungsweise ein „Verlaufsphänomen von bestimmter Phasenhaftigkeit" ist.[1] Typisch für diese europäische Entwicklung ist, daß im engen Zusammenhang mit der Industrialisierung eine ausgeprägte Bevölkerungswelle beobachtet werden kann: zunächst eine Bevölkerungsvermehrung durch starkes Absinken der Sterblichkeit bei gleichbleibend hoher Fruchtbarkeit, der eine sinkende Bevölkerungszunahme durch Verminderung der Fruchtbarkeit bei schwächer sinkender Sterblichkeit folgte. In Deutschland trat dieser Umschwung etwa um 1880 ein. Schließlich spielten sich Fruchtbarkeit und Sterblichkeit auf einem neuen Niveau ein. Dieser doppelten Scherenbewegung der Fruchtbarkeits- und Sterblichkeitskurven entsprachen – wie noch zu zeigen sein wird – bestimmte Phasen des Industrialisierungsvorgangs.

Der Einfluß der Bevölkerungsdichte auf die Intensität der Wirtschaftsbeziehungen ist offensichtlich. Sie bestimmt den Umfang des Arbeitseinsatzes, ihre Zunahme fördert das Entstehen neuer Märkte und den Fortschritt der Arbeitsteilung. Die Nachfrage nach Gütern und Dienstleistungen hängt u. a. auch von der Bevölkerungszahl ab, wobei der erreichte Lebensstandard allerdings eine ausschlaggebende Rolle spielt.

Ein zweiter grundlegender Beeinflussungsfaktor ist der *technische Fortschritt*. Er hängt im wesentlichen von drei Faktoren ab: von der Zahl der grundlegenden Erfindungen, von den

[1] Gerhard Mackenroth, Bevölkerungslehre, Berlin-Göttingen-Heidelberg 1953, S. 332.

Möglichkeiten, ihre technische Anwendbarkeit zu erforschen, und von den Anreizen, die Ergebnisse kommerziell zu nutzen. Seine Intensität beruht entscheidend auf einer entsprechenden Motivation bestimmter sozialer Schichten oder Personen. Nur wenige Entdeckungen sind zufällig. Die meisten setzen planvolle Forschung voraus. In einer Gesellschaft, die den Nutzen technischer Verbesserungen nicht erkannt hat oder ihn zugunsten anderer Werte nur gering einschätzt, wird die Zahl der Erfindungen relativ gering und der Spielraum ihrer systematischen Anwendung sehr eingeengt sein. Darin liegt die soziologische Richtigkeit der Behauptung, Erfindungen würden nur dann gemacht, wenn sie nötig seien. Hieraus erklärt sich auch die große Zahl fast gleichzeitiger Parallelerfindungen. Die Institutionalisierung der Forschung und die besondere Wertschätzung ihrer Ergebnisse sind in den Industrieländern zweifellos ein wichtiges wachstumförderndes Moment.

Technische Verbesserungen wirken sich vor allem in einer Strukturänderung der jeweiligen Arbeitsteilung aus, indem sie Art und Umfang des Kapitaleinsatzes verändern und langfristig auch die Berufsstruktur beeinflussen. Man denke in diesem Zusammenhang z. B. an die wirtschaftlichen Auswirkungen der Erfindung des schnellaufenden Benzinmotors.

Die *institutionellen Faktoren,* die das Wirtschaftswachstum beeinflussen, sind äußerst mannigfaltig. Sie schaffen die sozialen Verhältnisse, unter denen produziert und konsumiert wird, und kennzeichnen die jeweilige Entwicklungsstufe der Produktionsfaktoren. Neben der Struktur der Unternehmungen und Haushalte, den Formen des Güteraustauschs (u. a. auch der Entwicklung des Geld- und Kreditsystems) und der Organisation der Marktbeziehungen ist hier die gesellschaftliche „Infrastruktur" des Produktionsprozesses und Leistungsaustauschs zu nennen. Hierzu gehören z. B. das Erziehungssystem und -niveau der Bevölkerung, das auch die Berufsstruktur beeinflußt, der Stand der Informations- und Transportmöglichkeiten, der

Staatsaufbau, die Rechtsordnung und das Ausmaß gesellschaftlicher Sicherheit und Ordnung. Jeder Wachstumsphase entspricht eine bestimmte soziale Infrastruktur. Auftretende Diskrepanzen in ihrer Entwicklung, die den Wachstumsvorgang häufig begleiten, verstärken seine soziale Dynamik.

Besonders wesentlich ist der Einfluß der institutionellen Faktoren auf Formen und Umfang der Kapitalakkumulation, etwa zu Beginn der Industrialisierung der europäischen Länder durch die investitionsfördernde privatrechtliche Eigentumsordnung, später durch die strukturändernden investitionspolitischen Eingriffe des Staates. Ein zweiter wichtiger Einflußbereich erstreckt sich auf das Ausmaß der Mobilität der Produktionsfaktoren (Erleichterung bzw. Erschwerung geschäftlicher Transaktionen, institutionelle Abschwächung bzw. Verstärkung der sozialen Mobilität usw.).

Besonders seitens der deutschen Wirtschaftssoziologen (*Max Weber, Werner Sombart, A. Müller-Armack* u. a.) wurde die Bedeutung der *gesamtgesellschaftlich verbindlichen Bezugssysteme* auf die Richtung und das Ausmaß der langfristigen Wirtschaftsdynamik hervorgehoben. Sie äußert sich in den sozialen Normen und kulturellen Wertvorstellungen. Soziale Leitbilder, die teils religiös, teils durch Sitte und Tradition sanktioniert sind, wirken vor allem dadurch, daß sie Motivationsstruktur und Zielvorstellungen der Wirtschaftssubjekte beeinflussen. So kann die Grundhaltung gegenüber der Arbeit (Arbeits- und Berufsethos) wirtschaftsfördernd oder -hemmend wirken. Ebenso bestimmt die gesellschaftliche Einstellung zu materiellem Besitz und den damit verbundenen Verpflichtungen den Handlungsspielraum der Wirtschaftssubjekte und ihre soziale Rolle. Die Geschichte der Industrialisierung zeigt, wie neue Haltungsstile (der „Unternehmer", der „Erfinder" usw.)[1]

[1] Auf die Rolle des „dynamischen" Unternehmers im Wachstumsverlauf hat insbesondere Schumpeter hingewiesen. Vgl. sein Buch: Kapitalismus, Sozialismus und Demokratie (1942), München 1950².

erst in sozialen Grenzschichten auftreten und dann allmählich in die Gesellschaft integriert werden. Der industrielle Wachstumsvorgang wäre ohne eine sukzessive Anpassung der Haltungsstile, vor allem die Ausweitung des marktwirtschaftlich orientierten Erwerbsstrebens auf alle Bevölkerungsschichten, nicht möglich gewesen. Damit einhergehend hat sich auch das kulturelle Bezugssystem verlagert. Die Tendenz geht hierbei in Richtung einer zuerst von *Max Weber* festgestellten „Entzauberung der Welt", d. h. einer Zurückdrängung der traditionellen und wertrationalen Elemente aus dem Welt- und Gesellschaftsbild zugunsten seiner Säkularisierung und Rationalisierung. Gleichzeitig werden jedoch starke Gegenkräfte mit meist antikapitalistischen Tendenzen ausgelöst.[1]

Hauptansatzpunkte für Änderungen des Wirtschaftsablaufs sind die Kombination der Produktionsfaktoren (durch den technischen Fortschritt, Umschichtungen der Berufsstruktur u. a.), die Produktionsrichtung (durch Verlagerung der Nachfragestruktur, der Gewinnerwartungen u. a.) und die innere Struktur der Wirtschaftsinstitutionen (bei den Unternehmungen z. B. die Eigentumsstruktur und die Organisationsform). Am Beispiel des Industrialisierungsprozesses, als des für unsere Zeit typischen Wachstumsvorgangs, soll der Wirkungszusammenhang der Beeinflussungsfaktoren dargestellt werden.

b) Wachstumsphasen der Industrialisierung

Die *vorindustrielle Wirtschaftsstruktur* war durch eine ausgeglichene Arbeitsteilung zwischen dem Agrarsektor und der gewerblichen Wirtschaft gekennzeichnet, wobei Art und Umfang der Produktion und des Verbrauchs traditionell festgelegt

[1] Vgl. hierzu die allerdings stark standpunktgebundenen Ausführungen von Ludwig v. Mises: Die Wurzeln des Antikapitalismus, Frankfurt a. Main, 1958 sowie aus entgegengesetzter Perspektive Herbert Marcuse, Der eindimensionale Mensch (amerik. 1964), Neuwied 1967.

waren. Der entscheidende Impuls zur Veränderung kam von England her, wo im 18. Jahrhundert die Grundbesitzerschicht mit der Rationalisierung ihrer landwirtschaftlichen Betriebe begann. Hierzu gehörten vor allem die „enclosures" (Einhegungen), d. h. die Umwandlung bisher genossenschaftlich bewirtschafteten Bodens in marktwirtschaftlich genutzten privaten Eigenbesitz. Die Folge war eine erhebliche Steigerung der Arbeitsproduktivität im Agrarsektor. Diese Erweiterung des Nahrungsspielraums war von der Freisetzung bisher benötigter Landarbeiter begleitet. Die in der Landwirtschaft überflüssige Bevölkerung suchte und fand neue Arbeitsplätze im gewerblichen Sektor, der sich allmählich aus handwerklichen und hausindustriellen Formen zu geschlossenen Industriebetrieben entwickelte, in denen zunehmend neu erfundene krafterzeugende, kraftübertragende und Arbeitsmaschinen eingesetzt wurden (Dampfmaschine 1765; mechanische Spinn- und Webstühle 1738–1785). Die hierfür benötigten Kapitalmengen schränkten den relativen Anteil der selbständigen Gewerbetreibenden ein und ließen eine abhängige industrielle Lohnarbeiterschaft entstehen. Gleichzeitig war der Bevölkerungsschub vom Agrarsektor zum langsam sich herausbildenden Industriesektor von einer sozialen Mobilisierung größten Ausmaßes begleitet, der ein großer Teil traditioneller Lebensformen und Verhaltensweisen zum Opfer fiel. Wichtig war die Aufhebung institutioneller Heiratsbeschränkungen, wodurch die Bevölkerungsvermehrung, die durch die sinkende Sterberate eingesetzt hatte, weiter verstärkt wurde.

Am Anfang der Industrialisierung steht also die Freisetzung von Produktionsfaktoren, die von erhöhter sozialer Mobilität begleitet wird. Unter Ausnützung technischer Erfindungen und durch den hierdurch möglichen produktiveren Kapitaleinsatz gelingt es, neue, industrielle Produktionsmittelkombinationen zu entwickeln. Begünstigt wurde dieser Vorgang durch eine bereits vorhandene Infrastruktur (z. B. eine stabile nationalstaatliche Organisation), die vorherrschende rationalistische und utilitaristische Weltinterpretation, sowie eine durch den Puritanismus vermittelte Verhaltensdisziplinierung („innerweltliche Askese"), in deren Rahmen das Akkumulationsinteresse der Gewerbetreibenden legitimiert war.[1]

Die industrielle Frühzeit ist durch stark *expansiv wirkende Kräfte* bestimmt. Allmählich führt die wachsende Arbeitsproduktivität in den industrialisierten Wirtschaftssektoren – ausgehend von der Textilindustrie – zu einer neuen Arbeitsteilung auch in der übrigen Wirtschaft. Der Güterüberschuß verstärkt zudem die Exportbeziehungen, und auf der Suche nach neuen Märkten greift das industriewirtschaftliche System auch auf andere Länder über. Die großen Kontroversen zu Beginn des 19. Jahrhunderts über Freihandel oder Schutzzollpolitik kennzeichnen deutlich die internationale Phasenverschiebung des industriellen Wachstumsprozesses, die sich in entgegengesetzten Interessenlagen niederschlägt.

Das fortschreitende Bevölkerungswachstum legt eine arbeitsintensive Produktionsweise nahe, die trotzdem die „industrielle Reservearmee" der strukturell Arbeitslosen zunächst nicht beseitigen kann. Die existenzgefährdenden Zustände am Arbeitsmarkt und ihre sozialrevolutionären Auswirkungen kennzeichnen diese Phase. Soziale Umschichtungen horizontaler (Landflucht, Verstädterung) und vertikaler Art (Abstieg des selbständigen Handwerkers, Aufstieg des Unternehmers) sowie Veränderungen des gesellschaftlichen Normsystems (privatrechtliche Vertragsfreiheit, Gewerbefreiheit) schaffen die Voraussetzungen für eine institutionelle Festigung und Ausdehnung der Industriewirtschaft.

Allmählich stabilisiert sich das Bevölkerungswachstum (seit 1880 in Deutschland), so daß der industrielle Produktivitäts-

[1] Vgl. hierzu Max Webers klassische Untersuchung über die protestantische Ethik und den Geist des Kapitalismus (1905). Neudruck in: Gesammelte Aufsätze zur Religionssoziologie, Tübingen 1920/21.

zuwachs eine Anhebung des Lebensstandards breiter Bevölkerungsschichten ermöglicht.[1] Damit wird eine bedeutsame Nachfrageverschiebung eingeleitet. Die Massenproduktion industrieller Konsumgüter und der Dienstleistungssektor erhalten einen strukturellen Auftrieb. Gleichzeitig ermöglicht der Übergang zur kapitalintensiven Fertigung als Folge der Marktausweitung (höhere Produktionszahlen), der teurer werdenden Arbeitskraft und des technischen Fortschritts einen sparsameren Einsatz der Arbeit im Produktionssektor. So bahnt sich eine neue Verlagerung des Arbeitskräftepotentials an, die insbesondere von *Colin Clark* und *Jean Fourastié* näher untersucht worden ist. Während die Zahl der im Agrarsektor Beschäftigten absolut weiter schrumpft und sie im eigentlichen Industriesektor nur noch langsam relativ wächst, zeigt vor allem der Dienstleistungssektor der Wirtschaft eine überdurchschnittliche Zunahme an Arbeitskräften, die im wesentlichen die Masse des entstehenden „neuen Mittelstands" (Angestellte, Beamte) bilden.

Die fast explosive industrielle Expansion ist damit in eine *intensive Phase* getreten, in der der planmäßige Einsatz der Produktionsfaktoren (Rationalisierung) immer mehr an Bedeutung gewinnt. Spezialisten der neu entstehenden Betriebswirtschaftslehre, Ingenieure und Techniker verwissenschaftlichen die Unternehmensführung. Die gesamtgesellschaftliche Infrastruktur des Wirtschaftsablaufs ist nun weitgehend den Anforderungen der industriellen Produktionsweise angeglichen, wobei dem staatlichen Sektor wachsende Bedeutung zukommt. Umfassende sozialpolitische und rechtliche Maßnahmen stabilisieren die sozialen Anspruchsniveaus (Sozialversicherung) und institutionalisieren strukturelle Spannungen (Massendemokratie, Verbandsbildungen).

[1] Wesentlich trug hierzu auch die Möglichkeit bei, die Kolonialgebiete wirtschaftlich zu nutzen, insbesondere mittels der für die Industrieländer günstigen Austauschrelationen zwischen Rohstoffen und industriellen Fertigwaren.

Gleichzeitig machen sich jedoch im internationalen Wirtschaftsverkehr die Phasenverschiebungen zwischen hochindustrialisierten Ländern, Gebieten mit beginnender Industrialisierung und vorindustriellen Entwicklungsländern um so stärker bemerkbar. Die Spannungen des industriewirtschaftlichen Systems werden auf die internationale Ebene verlagert. Dadurch erhalten sie einen außenpolitischen Akzent.[1]

Die wachsende Marktausweitung und -verflechtung bei anhaltender Mobilität, strukturellen Phasenverschiebungen und nur bei großer Kapitaltiefe auszunutzenden technischen Verbesserungen (Automation) leitet eine neue, *integrative Phase* des industriellen Wachstumsvorgangs ein. Sie ist durch umfassende Maßnahmen zur *planvollen Steuerung* des Wirtschaftsablaufs und ihre Institutionalisierung gekennzeichnet. Das Wirtschaftsgeschehen ist nun so eng mit sozialen und politischen Vorgängen gekoppelt, daß Störungen sofort auf die Gesamtgesellschaft übergreifen. Um ein Mindestmaß an Integration zu gewährleisten und Spannungen bzw. Stagnationserscheinungen in einzelnen Sektoren zu beheben, ist eine staatliche Rahmenplanung erforderlich. Systematisch wird auch versucht, internationale Phasenverschiebungen allmählich abzubauen, wohl das schwierigste Problem dieser Periode, die die Gegenwart kennzeichnet.

Diese Spannungen in der Produktivitäts- und Wohlstandsdiskrepanz zwischen den hochindustrialisierten Staaten und den sogenannten Entwicklungsländern sind nicht allein bedingt durch unterschiedliche Fortschritte im gesellschaftlichen Modernisierungsprozeß. Sie werden auch durch dessen unterschiedliche Start- und Ablaufbedingungen hervorgerufen, in denen sich die Auswirkungen kolonialer bzw. halbkolonialer Abhängigkeit und hierdurch geförderter spätfeudaler Führungsschichten widerspiegeln.

[1] Vgl. Walt W. Rostow, The Process of Economic Growth, Oxford (1953) 1960[2] und ders., „The Stages of Growth" as a Key to Politics, in: Fortune, Dezember 1959, S. 135 ff.

Obwohl die Notwendigkeit einer umfassenden Entwicklungshilfe seitens der Industrienationen schon als Vorbedingung einer ausgewogenen weltwirtschaftlichen Arbeitsteilung und damit einer Ausweitung der Handelsbeziehungen als Voraussetzung eines möglichst krisensicheren Wirtschaftswachstums unumstritten ist, hat die praktische Verwirklichung bisher zu widersprüchlichen Resultaten geführt. Die Ursache hierfür liegt vor allem in der Motivation zur Entwicklungshilfe und der sich daraus herleitenden Praxis sowie in der internen Situation eines Entwicklungslandes.

Entwicklungshilfe wird aus rein karitativen, aus machtpolitischen und aus handelspolitischen Erwägungen heraus gegeben. Sie ist in der Regel Ausdruck des Wettbewerbs der Industrienationen um die Erschließung von Absatzmärkten und Einflußsphären. Ihr Hegemonialdenken gegenüber den Entwicklungsländern wird dadurch also nur der Form nach verändert. Prinzipielle Ungleichgewichte, z. B. in den „terms of trade", werden nur ganz allmählich zugunsten wirklich liberalisierter, d. h. multilateraler Beziehungen abgebaut.

So sehr auch von außen kommende Impulse dem Aufbau einer marktorientierten, modernen und funktionsfähigen Wirtschaftsstruktur förderlich sein können, so sehr ist andererseits die Weckung der Eigeninitiative breitester Bevölkerungsschichten für die Herausbildung eigenständiger Wirtschafts- und Gesellschaftsstrukturen ausschlaggebend. Dieser soziale Dynamisierungsprozeß läßt sich aber durch rein wirtschaftliche Maßnahmen bestenfalls nur stützen. Er ist aufs engste mit dem Wechsel politischer Systeme, mit der Reform und der Neugründung gesellschaftlicher Institutionen und mit einem Wandel in der Lebensorientierung überhaupt verbunden. Die hierbei auftretenden Spannungen und Konflikte mit teilweise revolutionärem Ausmaß liegen aber häufig nicht im Interesse der Geber von Entwicklungshilfe, die eine möglichst sichere Kapitalanlage mit berechenbaren Auswirkungen anstreben. Eine Analyse der Wirtschaftsprobleme in Entwicklungsländern bliebe also stets unvollständig ohne eine Berücksichtigung der wirksamen Interessenkonstellationen, Herrschafts- und Machtstrukturen und das Verhalten bestimmenden Institutionen. Das gleiche gilt übrigens auch für die keineswegs unbedeutenden Entwicklungsregionen in den hochindustrialisierten Staaten selbst. Die Tatsache, daß ein Gebiet relativ entwicklungsbedürftig ist, läßt in der Regel darauf schließen, daß Versäumnisse vorliegen, die allmählich in der Gesellschaftsstruktur verankert wurden und zunächst noch als kaum in Frage gestellte „Selbstverständlichkeit" selbst das Bewußtsein der Betroffenen prägen. Eine entwicklungshemmende, traditionalistische Wirtschaftsmentalität ist deshalb oft auch Ausdruck einer durch relative Deprivation gekennzeichneten Soziallage.

Die wirtschaftssoziologische Analyse von Wachstumsprozessen und ihren Hemmnissen zeigt deutlich, wie das soziale Spannungsfeld, in dem die Wirtschaftsvorgänge ablaufen, ständig strukturellen Verlagerungen ausgesetzt ist. Die unterschiedliche Stärke der Impulse und der Anpassungsprozesse führt zu Phasenverschiebungen, die ihrerseits die Wirtschaftsdynamik vergrößern können. Das Zusammenwirken der mannigfaltigsten sozialen Faktoren beim Entstehen und Ablauf des industriellen Wachstumsprozesses zeigt darüber hinaus, daß seine Analyse sich notwendigerweise auf die gesamte Gesellschaft und ihre Entwicklungstendenzen ausweiten muß. Die Wirtschaftssoziologie verbindet sich hier mit anderen Teilgebieten der Soziologie zu einer umfassenden Gegenwartsanalyse unter Beachtung der historischen Dimension, die alle sozialen Erscheinungen kennzeichnet.

V. Wirtschaftssystem und Gesellschaftsstruktur

Der Problemkreis „Wirtschaft und Gesellschaft" gehört zu den klassischen Ansatzpunkten der Wirtschaftssoziologie. In der

Tat ist die soziologische Globalanalyse der dominierenden Strukturmerkmale des Wirtschaftsablaufs notwendige Voraussetzung für die Erfassung seiner gesamtgesellschaftlichen Rückwirkungen. Es darf jedoch nicht vergessen werden, daß der Aussagewert einer solchen umfassenden Untersuchung von der Verläßlichkeit vorangegangener Teilanalysen abhängt. Die Geschichte der wirtschaftssoziologischen Forschung zeigt, daß häufig das Denken in Wirtschaftssystemen bzw. Wirtschaftsordnungen zu sehr abstrakten, typologischen Konstruktionen verhaftet war. Man versuchte, die Wechselbeziehungen zwischen Wirtschaft und Gesellschaft nur vom Modell her begrifflich zu durchdringen, wobei die übergreifende kategoriale Sichtweite häufig Ausdruck ideologischer Gebundenheit war.

Demgegenüber ist in einer empirisch fundierten Analyse mit der Untersuchung der Faktoren zu beginnen, die die Wirtschaftsvorgänge koordinieren und normieren und damit die Voraussetzungen für ein „System" der Wirtschaft schaffen. Anstelle einer voreiligen Schematisierung erfolgt also eine soziologische Faktorenanalyse des wirtschaftlichen Integrationsprozesses. In umgekehrter Fragestellung kann dann gezeigt werden, welche sozialen Funktionen dem Wirtschaftssystem im Rahmen des gesamtgesellschaftlichen Integrationsvollzugs zukommen. Schließlich bildet die Spiegelung der Wechselbeziehungen zwischen Wirtschaft und Gesellschaft im Bewußtsein der Beteiligten ein weiteres interessantes Forschungsobjekt.

1. Die soziale Normierung des Wirtschaftsablaufs

Die Interdependenz der sozialen Strukturelemente des Wirtschaftsablaufs, deren Analyse Hauptgegenstand der bisherigen Ausführungen war, setzt die Wirksamkeit integrierender Ordnungsprinzipien voraus, die sich sowohl auf die Ebene des Individualverhaltens als auch auf die institutionelle Ebene erstrecken. Es wäre falsch, hierbei von der Annahme auszugehen, derartige Formen sozialer Kontrolle seien stets ein Ergebnis wirtschaftlicher Eigengesetzlichkeit oder bewußter und eindeutiger politischer Entscheidung. Sie können ebensosehr z. B. Ausdruck einer unreflektierten traditionalen Gesinnung oder zwangsläufiges Nebenprodukt einer umfassenden wertrationalen Weltinterpretation sein. Diese Unterschiede sind selbst schon wesentliche Merkmale des betreffenden Wirtschaftssystems, in denen sich seine relative Abhängigkeit oder Selbständigkeit gegenüber anderen Sozialbereichen manifestiert.

Die *Normierung des wirtschaftlichen Verhaltens* kann durch gleichlaufende Beeinflussung der sozialen Bezugssysteme der verschiedenen Wirtschaftssubjekte erfolgen, wodurch die Kategorien für die Situationsinterpretation vereinheitlicht werden und darüber hinaus auch eine Angleichung der Motivationsstrukturen erfolgt. *Max Weber* hat sich vor allem in seinen religionssoziologischen Arbeiten um den Nachweis bemüht, daß die religiöse Grundhaltung auf diese Weise auch das Wirtschaftsverhalten beeinflußt und sich hierdurch die unterschiedliche Wirtschaftsgesinnung in den verschiedenen Kulturen, etwa der Nordeuropäer, der hinduistischen Inder oder der chinesischen Anhänger des Konfuzianismus erklären läßt. Es ist z. B. offensichtlich, daß ein rein religiöser Fatalismus das Erwerbsstreben weniger fördert als eine weltlich abgewandelte Prädestinationslehre, der der Wirtschaftserfolg als Erkennungsmerkmal göttlicher Gnade erscheint. *Müller-Armack* hat auf dieser Erkenntnis aufbauend eine Genealogie der Wirtschaftsstile aufzustellen versucht, die der Typologie der jeweiligen Weltanschauungssysteme entspricht. Es wäre jedoch einseitig, die Kräfte der wirtschaftlichen Verhaltensnormierung nur im religiösen Bereich zu suchen. Besonders in den modernen Industriegesellschaften mit ihrem ausgeprägten Säkularisierungstrend (Verweltlichung transzendentaler Bindungen) wirken zahlreiche andere Faktoren. Häufig nehmen sie die Form gesellschaftlich anerkannter Ideologien an. Hierher gehören z. B. nationalistische und sozialistische Motivbildungen, die sich vor allem auf die Arbeitsgesinnung auswirken können (von Ausbeutung befreite Arbeit für die Gesellschaft, für den Ruhm der Nation usw.). Daneben wirkt jedoch in späteren Wachstumsstadien der immer stärker werdende Trend zur Differenzierung und Individualisierung der sozialen Bezugssysteme. Der Freiheitsgrad der Zielsetzung und Motivierung des wirtschaftlichen Verhaltens der Wirtschaftssubjekte wächst. Zahlreiche Leitbilder konkurrieren als Leistungsanreize und bewirken eine wachsende Mobilität der Motivationsstrukturen. Ihre Normierung erfolgt nur indirekt durch gesellschaftlich sanktionierte Spielregeln des Wirtschaftsverhaltens. An die Stelle inhaltlicher Integration (Werte) tritt damit mehr und mehr die formale Integration: die wirtschaftliche „Verkehrsregelung".

Den Rahmen hierfür bietet die *Institutionalisierung* der wichtigsten Wirtschaftsaufgaben. In jedem Wirtschaftssystem ist eine Reihe von strukturellen Grundproblemen zu lösen, um den reibungslosen Austausch der Güter- und Leistungsströme zu gewährleisten (vgl. Kapitel III). Zunächst müssen die wirtschaftlichen Leistungseinheiten bestimmt werden, wodurch eine Strukturierung in Haushalte, Betriebe usw. erfolgt. Damit einher geht die Festlegung der Verfügungsgewalt über die Produktionsmittel mit Hilfe des Eigentumsrechts. Sodann ist die räumliche Ordnung und die Kombination der Produktionsmittel erforderlich. In jeder die Deckung des Eigenbedarfs überschreitenden Wirtschaftsform sind darüber hinaus eine Tauschorganisation und die Festlegung der Bewertungsmaßstäbe beim Güteraustausch erforderlich. Dieser institutionelle Aspekt eines Wirtschaftssystems wird mit wachsender Arbeitsteilung und zunehmender Marktorientierung immer bedeutsamer. Eine weitere institutionelle Aufgabe betrifft die Formen der Einkommensbildung und -verteilung. Sie hat grundlegenden Einfluß auf die Arbeitsverhältnisse. Jedes Wirtschaftssystem ist weiterhin durch die Bestimmung der sozialen Anspruchniveaus, meist in der

Form einer Habitualisierung der Konsumvorstellungen, gekennzeichnet. Schließlich bleibt als institutionelle Aufgabe noch die Abgrenzung der verschiedenen staatlichen und privaten Wirtschaftsbereiche, vor allem in fortgeschrittenen Volkswirtschaften. Die Art und das Ausmaß dieser Funktionsstreuung beeinflussen grundlegend die übrigen institutionellen Merkmale.

Diese ständig wiederkehrenden Daueraufgaben erfordern bestimmte Formen, die mit der jeweiligen Sozialorganisation und den gesamtgesellschaftlichen Wertvorstellungen vereinbar sein müssen. Die Verhaltensstabilisierung durch Institutionsbildung – ein Vorgang, der insbesondere von *Arnold Gehlen* eingehend untersucht worden ist[1] – entlastet zugleich den Menschen von der subjektiven Motivation und dem Zwang ständiger Eigenanpassung. Bemerkenswert für industriewirtschaftliche Systeme ist der große Freiheitsgrad, den die Wirtschaftsinstitutionen den Wirtschaftssubjekten bieten. An die Stelle unabänderlich vorgezeichneter Bindungen treten formale Funktionalzusammenhänge von großer Mobilität.

Damit erhalten die wirtschaftlichen *Anpassungsmechanismen und ihre Kontrolle* eine grundlegende Bedeutung. Diese Aufgabe muß in jedem Wirtschaftssystem institutionell gelöst werden. Gegenüber den Versuchen einer traditionellen Stabilisierung des Wirtschaftsablaufs brachten die modernen Formen der marktorientierten Erwerbswirtschaft eine bewußte Bejahung der Anpassungsvorgänge. Entscheidendes Strukturprinzip ist bis in die Gegenwart trotz aller Marktausschaltungstendenzen immer noch der dynamische marktwirtschaftliche Nutzenausgleich, der die Wirtschaftsbedingungen ständig wandelt. Die institutionelle Beeinflussung dieser Marktdynamik durch Rahmenordnungen ist allerdings in vollem Gange. Die Bedeutung, die z. B. dem Problem der Kontrolle wirtschaftlicher Wachstumsprozesse beigemessen wird, nimmt ständig zu.

[1] Vgl. Arnold Gehlen, Probleme einer soziologischen Handlungslehre. In: Soziologie und Leben (Hrsg. C. Brinkmann), Tübingen 1952.

Das Problem der sozialen Normierung des Wirtschaftsablaufs kann unterschiedlich gelöst werden, je nach Ansatzpunkten und Intensität der gesellschaftlichen Eingriffe und Kontrollmechanismen. Die verschiedenen Lösungsvarianten bieten eine Möglichkeit, die Wirtschaftssysteme zu typisieren. Als Hauptmerkmale sind das Ausmaß der Verhaltensnormierung, der Grad des institutionellen Ausbaus und die Offenheit des Systems gegenüber Veränderungen hervorzuheben. Von diesen Faktoren hängt der Freiheitsgrad des Systems bzw. der Entscheidungsspielraum der Wirtschaftssubjekte ab. Allerdings ist eine maximal gebundene Wirtschaft auf die Dauer ebenso wenig denkbar wie eine Wirtschaft ohne soziale Kontrolle. Die häufig verwendeten reinen Typen der individualistischen „freien Marktwirtschaft" und der kollektivistischen „Zentralverwaltungswirtschaft" grenzen deshalb nur den Bereich der tatsächlichen Erscheinungsformen ein. So zeigt auch die geschichtliche Entwicklung der Industriewirtschaft eine Vielzahl von Formen sozialer Kontrolle der Wirtschaftsvorgänge, die von direkten Steuerungseingriffen (z. B. Preisfestsetzung und -kontrolle) bis zum Automatismus bestimmter Kontrollmechanismen (z. B. Gold- bzw. Devisenstandard der Währung) reichen. Diese breite Streuung läßt sich auch in der Gegenwart feststellen.[1]

2. Wirtschaftliche Grundlagen der gesellschaftlichen Integration

Wie das Wirtschaftssystem einer Gesellschaft erst durch soziale Integrations- und Normierungsvorgänge entsteht, so beeinflussen auch umgekehrt Strukturmerkmale und -veränderungen des Wirtschaftsablaufs grundlegend die Gesamtgesellschaft. In der wirtschaftssoziologischen Forschung muß deshalb

[1] Vgl. R. Frei (Hrsg.), Wirtschaftssysteme des Westens, 2 Bde., Basel und Tübingen 1957/59.

eine rein funktionelle Betrachtung des Wirtschaftssystems unter dem Aspekt der sozialen Organisation und der wechselseitigen Anpassung der Güter- und Leistungsströme durch die Untersuchung seiner positiven oder negativen Auswirkungen auf das gesellschaftliche Integrationsniveau ergänzt werden. Hierbei lassen sich folgende Wirkungsbereiche unterscheiden: die soziale Strukturierung der Gesellschaft, die auch deren innere Dynamik wesentlich beeinflußt, die Formen sozialer Beziehungen und die Prägung sozialer Bewußtseinstrukturen.

Den ersten Versuch, die wirtschaftliche Dimension des gesellschaftlichen Integrationsprozesses umfassend darzustellen, unternahm *Karl Marx*. Im Vorwort „Zur Kritik der politischen Ökonomie" (1859) hat er seine Lehre in klassischer Form zusammengefaßt:

In der gesellschaftlichen Produktion ihres Lebens gehen die Menschen bestimmte, notwendige, von ihrem Willen unabhängige Verhältnisse ein, Produktionsverhältnisse, die einer bestimmten Entwicklungsstufe ihrer materiellen Produktivkräfte entsprechen. Die Gesamtheit dieser Produktionsverhältnisse bildet die ökonomische Struktur der Gesellschaft, die reale Basis, worauf sich ein juristischer und politischer Überbau erhebt, und welcher bestimmte gesellschaftliche Bewußtseinsformen entsprechen. Die Produktionsweise des materiellen Lebens bedingt den sozialen und geistigen Lebensprozeß überhaupt. Es ist nicht das Bewußtsein der Menschen, das ihr Sein, sondern umgekehrt ihr gesellschaftliches Sein, das ihr Bewußtsein bestimmt. Auf einer gewissen Stufe ihrer Entwicklung geraten die materiellen Produktivkräfte der Gesellschaft in Widerspruch mit den vorhandenen Produktionsverhältnissen oder, was nur ein juristischer Ausdruck dafür ist, mit den Eigentumsverhältnissen, innerhalb deren sie sich bisher bewegt hatten. Aus Entwicklungsformen der Produktivkräfte schlagen diese Verhältnisse in Fesseln derselben um. Es tritt dann eine Epoche sozialer Revolutionen ein. Mit der Veränderung der ökonomischen Grundlage wälzt sich der ganze ungeheure Überbau langsamer oder rascher um.[1]

[1] Karl Marx, Zur Kritik der politischen Ökonomie (1859). Berlin 1951, S. 13.

Eine besondere Rolle bei dieser Umwälzung soll die sich ihrer Klassenlage (Trennung vom Eigentum an den Produktionsmitteln) bewußt gewordene unselbständige Lohnarbeiterschaft (Proletariat) spielen.

Marx sieht die Gesellschaft primär als dynamische Wirtschaftsgesellschaft. Wirtschaftliche Faktoren, insbesondere die Eigentumsverhältnisse kennzeichnen das gesellschaftliche Sein des Menschen und prägen die sozialen Institutionen sowie das soziale Bewußtsein. Verlagerungen in den Produktivkräften (technischer Fortschritt) lösen gesellschaftliche Spannungen aus und führen schließlich zur revolutionären Umwälzung der Herrschaftsstruktur der betreffenden Gesellschaft.

Das liberalistische Gegenbild zu dieser Analyse wird durch die Annahme gekennzeichnet, die revolutionäre Dynamik sei nicht systemimmanent, sondern auf die Perversion des Marktmechanismus, d. h. des eigengesetzlich ablaufenden Wirtschaftsprozesses, durch seinen sozialen „Rahmen", durch Startungleichheit, Monopolismus und Interventionismus zurückzuführen. Beide Theorien betonen jedoch die Integrationsstörungen, die von der Diskrepanz zwischen Wirtschaftsstruktur und Gesellschaftsform verursacht werden.

In Anlehnung an *Marx* oder in Auseinandersetzung mit ihm haben differenzierende Untersuchungen im wesentlichen die dominierende Stellung der Wirtschaft in modernen Industriegesellschaften, insbesondere die Abhängigkeit der Sozialstruktur von Arbeitsteilung und Eigentums- bzw. Einkommensverteilung bestätigt. Anstelle des von *Marx* vor allem in seiner politischen Interpretation angenommenen Dualismus zwischen Eigentümern und Nichteigentümern an Produktionsmitteln wurde jedoch mit Fortentwicklung des industriewirtschaftlichen Systems in immer stärkerem Maße ein Gruppenpluralismus festgestellt. Die fortschreitende soziale Differenzierung deckt sich nicht mehr mit der Eigentumsstruktur. Aus dieser Sicht erscheint die von *Marx* postulierte revolutionäre Dynamik der modernen Wirtschaftsgesellschaft als phasengebunden. Wo derartige Spannungen auch noch in der Konsolidierungsphase des Systems auftreten, handelt es sich vorwiegend um Residualphänomene, um die Reaktion sozial schlecht angepaßter Schichten, deren relative Ferne zum Produktionsprozeß in Ressentiments und Vorurteilen Ausdruck findet. Dementsprechend rückt das Interesse am Studium der sozialen Anpassungsbewegungen in den Vordergrund, die einen evolutionären Strukturwandel der Industriewirtschaft eingeleitet haben und fortführen. Sowohl von marxistischer als auch nichtmarxistischer Seite ist die besondere Bedeutung der Konfliktverlagerung in die externen Beziehungen zu anderen Wirtschaftssystemen hervorgehoben worden (vgl. die Imperialismus-Diskussion des beginnenden 20. Jahrhunderts).

Eine gegenwartsorientierte wirtschaftssoziologische Auseinandersetzung mit den sozialistischen und liberalistischen Theorien des 19. Jahrhunderts müßte dementsprechend von der Erkenntnis ausgehen, daß das Zentrum der wirtschaftlich verursachten sozialen Integrationsstörungen sich mit den Phasen des Wachstumsprozesses verlagert und daß der Anpassungsgrad des industriewirtschaftlichen Systems nicht unabänderlich feststeht, sondern durch institutionellen Strukturwandel erweitert werden kann.

Der gesamtgesellschaftliche Integrationsprozeß ist in der Sicht des Wirtschaftssoziologen untrennbar verbunden mit dem Ausgleich wirtschaftsimmanenter Spannungen durch strukturelle und funktionelle Anpassung. Ein ständiger Wechsel von Verhaltensstabilisierung und Institutionenverfall, von Interessenpolarisierung und Interessenausgleich kennzeichnet die soziale Wirklichkeit des Wirtschaftsablaufs. Die Transformation dieser Änderungsimpulse auf die übrigen Sozialbereiche (Recht, Erziehung, staatliche Institutionen usw.) ist jedoch nur unvollkommen. Damit entsteht die Gefahr der Ideologisierung der Beziehungen zwischen Wirtschaft und Gesellschaft. Die umfassende Sichtweite erstarrt dann zum Ökonomismus, Technizismus oder auch Moralismus, d. h. einem verabsolutierenden Aspektdenken je nach dem sozialen Standort des Betreffenden. Die wirtschaftssoziologische Analyse zeigt die Relativität dieser verschiedenen Standpunkte in einer dynamischen Wirtschaft auf. Diese Erkenntnis führt zwangsläufig zur Ideologiekritik und zu dem Versuch, irrationale Stellungnahmen durch wissenschaftlich überprüfbare Aussagen zu ersetzen. Indem die Wirtschaftssoziologie sich auf der Basis empirischer Detailforschung dieser umfassenden Aufgabe unterzieht, leistet sie selbst einen Beitrag zur Integration von Wirtschaft und Gesellschaft. Ihr Versagen trägt zum Immobilismus der gesellschaftlichen Bewußtseinsstrukturen ebenso bei, wie ein Erfolg neue Dimensionen der sozialen Entwicklung zu eröffnen vermag.

Literaturverzeichnis

I. Allgemeines, Problemstellungen, Methoden

ÅKERMAN, JOHAN, Das Problem der sozialökonomischen Synthese. Lund 1938.

ALBERT, HANS, Ökonomische Ideologie und politische Theorie. Das ökonomische Argument in der ordnungspolitischen Debatte. Göttingen 1954.

–, Marktsoziologie und Entscheidungslogik. Neuwied 1967.

BALDAMUS, W., A Sociological Theory of Economic Administration. In: British Journal of Sociology VIII (1957).

BIENAYMÉ, ALAIN, Institutions et facteurs sociologiques dans la théorie économique. In: Revue économique XI (1960).

BRINKMANN, CARL, Nationalökonomie als Sozialwissenschaft. Tübingen 1948.

CUVILLIER, ARMAND, Manuel de Sociologie II, Kap. 7 (Sociologie économique). Paris 1954.

DAHRENDORF, RALF, Markt und Plan. Tübingen 1966.

DOBRETSBERGER, J., Zur Soziologie des ökonomischen Denkens. In: Archiv für angewandte Soziologie IV (1931/32).

EISERMANN, GOTTFRIED, Wirtschaft und Gesellschaft. Stuttgart 1964.

FÜRSTENBERG, FRIEDRICH, Die soziologische Dimension wirtschaftstheoretischer Aussagen. In: Zeitschrift für die gesamte Staatswissenschaft Bd. 112 (1956).

–, Wirtschaftssoziologie. In: Die Lehre von der Gesellschaft (Hrsg. G. Eisermann), 2. Aufl. Stuttgart 1969.

HOFMANN, WERNER, Universität, Ideologie, Gesellschaft. Frankfurt/M. 1968.

–, Ideengeschichte der sozialen Bewegung des 19. und 20. Jahrhunderts. Sammlung Göschen Bd. 1205/1205 a, 2. Aufl. Berlin 1968.

ICHBOLDIN, BORIS, Die Hauptrichtungen der gegenwärtigen Wirtschaftssoziologie. In: Schmollers Jahrbuch Bd. 61, II (1937).

JÖHR, W. A., Nationalökonomie und Soziologie. In: Wirtschaftstheorie und Wirtschaftspolitik, Festgabe für Alfred Amonn. Bern 1953.

KOCH, WOLDEMAR, Die Bedeutung der theoretischen Ökonomik für die allgemeine Soziologie. Tübingen 1955.

LENZ, FRIEDRICH, Wirtschaftssoziologie. In: Die Lehre von der Gesellschaft (Hrsg. G. Eisermann). 1. Aufl. Stuttgart 1958.

L'HOMME, JEAN und JEAN WEILLER, Economie politique et sociologie économique. In: Traité de sociologie (Hrsg. G. Gurvitch). Paris 1958.

LOEWE, AD., Economics and Society, London 1935.

–, Economic Theory and Social Structure. In: Manchester School of Econ. and Soc. Studies 7 (1936).

–, On the Mechanistic Approach in Economics. In: Social Research 18 (1951).

MACKENROTH, GERHARD, Ökonomie und Soziologie. In: Festgabe für Georg Jahn, Berlin 1955.

MOORE, WILBERT E., Economy and Society. New York 1955.

MYRDAL, GUNNAR, Das politische Element in der nationalökonomischen Doktrinbildung (1932). Hannover 1963.

OPPENHEIMER, FRANZ, System der Soziologie, 4. Bde. Jena 1922/29.

PARSONS, TALCOTT und N. J. SMELSER, Economy and Society. London 1956.

PERROUX, FRANÇOIS, Zwang, Tausch, Geschenk. Zur Kritik der Händlergesellschaft (franz. 1960). Stuttgart 1961.

PETZET, W., Der Physiokratismus und die Entdeckung des wirtschaftlichen Kreislaufs. Karlsruhe 1929.

RUMPF, MAX, F. von Gottl als Soziologe. In: Kölner Vierteljahreshefte für Soziologie, Jg. 11 (1932/33).

SALOMON, A., Adam Smith as a Sociologist. In: Social Research 12 (1945).

SAUERMANN, H., Soziologie der Wirtschaft. In: Lehrbuch der Soziologie und Sozialphilosophie (Hrsg. K. DUNKMANN). Berlin 1931.

SCHÄFFLE, A., Das gesellschaftliche System der menschlichen Wirtschaft. 2 Bde., Tübingen 1873[3].

SIMIAND, F., La méthode positive en science économique. Paris 1912.

SISMONDI, SIMONDE DE, Etudes sur l'Economie politique, Brüssel 1838.

SMELSER, N. J., Soziologie der Wirtschaft (amerik. 1963). München 1968.

SOMBART, WERNER, Nationalökonomie und Soziologie. Jena 1930.

–, Wirtschaft. In: Handwörterbuch der Soziologie (Hrsg. A. VIERKANDT). Stuttgart 1931.

STRUVE, P., Zur Grundlegung der Wirtschaftssoziologie. In: Kölner Vierteljahreshefte für Soziologie 9 (1930).
WEBER, MAX, Wirtschaft und Gesellschaft. (1921/22) Köln und Berlin 1964[5].
WEISSER, GERHARD, Wirtschaft. In: Handbuch der Soziologie (Hrsg. W. ZIEGENFUSS). Stuttgart 1956.
WIESE, LEOPOLD V., Die Weltwirtschaft als soziologisches Gebilde. Jena 1923.
–, Wirtschaftssoziologie. In: Wörterbuch der Volkswirtschaft Bd. III. Jena 1933[4].
–, Wirtschaftstheorie und Wirtschaftssoziologie. In: Schmollers Jahrbuch Jg. 60 (1936).
–, Wirtschaftssoziologie. In: Handwörterbuch der Sozialwissenschaften. Bd. 12 (1965).
ZIEGENFUSS, WERNER, Wirtschaftssoziologie und Wirtschaftstheorie. In: Schmollers Jahrbuch Jg. 70 (1950).

II. Das wirtschaftliche Verhalten

BRENTANO, LUJO, Der wirtschaftende Mensch in der Geschichte. Leipzig 1923.
DIESING, PAUL, Reason in Society. Five Types of Decisions and their Social Conditions. Urbana 1962.
FIRTH, RAYMOND, Primitive Polynesian Economy. London 1939.
–, Primitive Economics in the New Zealand Maoris. New York 1929.
FÜRSTENBERG, FRIEDRICH, Sozialpsychologische Analyse der Leistungsanreize (incentives) im Betrieb. In: Kölner Zeitschrift für Soziologie und Sozialpsychologie, Jg. 7 (1955).
GÄFGEN, G., Theorie der wirtschaftlichen Entscheidung. Tübingen 1963.
GOODFELLOW, D. M., Grundzüge der ökonomischen Soziologie (1939). Zürich und Stuttgart 1954.
HARTFIEL, G., Wirtschaftliche und soziale Rationalität. Stuttgart 1968.
HERSKOVITS, M. J., Economic Anthropology. New York 1952.
LAUTERBACH, ALBERT, Mensch-Motive-Geld. Untersuchungen zur Psychologie des wirtschaftlichen Handelns. Stuttgart und Düsseldorf 1957.
MALINOWSKI, BRONISLAW, Argonauts of the Western Pacific. London 1922.
–, Coral Gardens and their Magic. London 1935.

MANNHEIM, KARL, Über das Wesen und die Bedeutung des wirtschaftlichen Erfolgsstrebens. Ein Beitrag zur Wirtschaftssoziologie. In: Archiv für Sozialwissenschaft und Sozialpolitik 63 (1930).

MCCLELLAND, D. C., Die Leistungsgesellschaft (amerik. 1961). Stuttgart 1966.

MÖLLER, HANS, Die Rationalität des wirtschaftlichen Handelns. In: Jahrbücher für Nationalökonomie und Statistik 156 (1942).

NEUMANN, J. v., und O. MORGENSTERN, Theory of Games and Economic Behaviour. Princeton 1944.

PINNEY, A., The Institutional Man. In: Journal of Political Economy 48 (1940).

PREISER, ERICH, Das Rationalitätsprinzip in der Wirtschaft und in der Wirtschaftspolitik. In: Jahrbücher für Nationalökonomie und Statistik 158 (1953).

SCHACK, HERBERT, Der irrationale Begriff des Wirtschaftsmenschen. In: Jahrbücher für Nationalökonomie und Statistik 122 (1924).

–, Der rationale Begriff des Wirtschaftsmenschen, ebd.

SCHELLING, THOMAS C., An Essay on Bargaining. In: American Economic Review XLVI (1956).

SCHMÖLDERS, GÜNTER, Ökonomische Verhaltensforschung. In: ORDO V (1953).

– (Hrsg.), Beiträge zur Verhaltensforschung, Berlin–München 1959 ff.

SCHÖBER, PETER, Die Wirtschaftsmentalität der westdeutschen Handwerker. Köln und Opladen 1969.

SIMON, HERBERT A., Theories of Decision-making in Economics and Behavioral Science. In: American Economic Review XLIV (1959).

THURNWALD, RICHARD, Die menschliche Gesellschaft Bd. 3: Werden, Wandel und Gestaltung der Wirtschaft, Berlin-Leipzig 1932.

WAGNER, ADOLPH, Grundlegung der politischen Ökonomie. 2 Bde., Leipzig 1892/93[3].

WHYTE, WILLIAM F., Lohn und Leistung. Köln und Opladen 1958.

WOLFF, HELMUTH, Der homo oeconomicus: eine nationalökonomische Fiktion. Berlin und Leipzig 1926.

ZWIEDINECK-SÜDENHORST, O. V., Der Begriff des Homo Ökonomikus und sein Lehrwert. In: Jahrbücher für Nationalökonomie und Statistik 140 (1934).

III. Die Wirtschaftsinstitutionen

a) Allgemeine Strukturmerkmale

BALDAMUS, W., Der gerechte Lohn. Berlin 1960.
BÜCHER, KARL, Die Entstehung der Volkswirtschaft (1896). Tübingen 1906[5].
–, Arbeit und Rhythmus. Leipzig 1919[5].
COMMONS, JOHN R., Legal Foundations of Capitalism. New York 1924.
DURKHEIM, EMILE, De la division du travail social. Paris 1893.
FRIEDMANN, GEORGES, Grenzen der Arbeitsteilung (1956). Frankfurt am Main 1959.
– und PIERRE NAVILLE, Traité de sociologie du travail, 2 Bde. Paris 1961/62.
FÜRSTENBERG, FRIEDRICH, Probleme der Lohnstruktur. Die wirtschaftliche und soziale Bedeutung der Lohnunterschiede. Tübingen 1958.
GERLOFF, W., Die Entstehung des Geldes und die Anfänge des Geldwesens (1940). Frankfurt/M. 1947[3].
–, Geld und Gesellschaft, Frankfurt/M. 1952.
HEINEMANN, KLAUS, Grundzüge einer Soziologie des Geldes. Stuttgart 1969.
HERKNER, H., Arbeit und Arbeitsteilung. In: GdS II, 1. Tübingen 1923[2].
HICKS, J. R., The Social Framewrok. Oxford 1942.
KOLKO, G., Besitz und Macht. Sozialstruktur und Einkommensverteilung in den USA (amerik. 1962). Frankfurt/M. 1967.
LAUM, B., Heiliges Geld. Tübingen 1924.
–, Schenkende Wirtschaft. Frankfurt/M. 1960.
LIEFMANN-KEIL, E., „Bildungsmonopole“ in der Gegenwart. In: N. KLOTEN u. a. (Hrsg.), Systeme und Methoden in der Wirtschafts- und Sozialwissenschaften (Beckerath-Festschrift). Tübingen 1964.
MANNHEIM, KARL, Die Konkurrenz. In: Verhandlungen des 6. Deutschen Soziologentages. Tübingen 1929.
MARX, KARL, Grundrisse der Kritik der politischen Ökonomie (1859). Berlin 1953.
–, Das Kapital I (1867). Berlin 1951.
MAUSS, MARCEL, Essai sur le Don, forme archaique de l'echange. In: L'année Sociologique I (1935).
OPPENHEIMER, F., Wert und Kapitalprofit, (1916). Jena 1926[3].

POLLOCK, F., Automation. Frankfurt/M. 1956.
SCHMIDT, W., Das Eigentum auf den ältesten Stufen der Menschheit. 2 Bde. Münster 1937/40.
SCHMOLLER, GUSTAV, Grundriß der Allgemeinen Volkswirtschaftslehre, 2 Bde. Leipzig 1908².
SCHRADER, A., Die soziale Bedeutung des Besitzes in der modernen Konsumgesellschaft. Köln und Opladen 1966.
SEIDENFUS, HELLMUT STEFAN, Verkehrsmärkte. Marktform-Marktbeziehung-Marktverhalten. Basel und Tübingen 1959.
SIMIAND, F., Le salaire, l'évolution sociale et la monnaie, 3 Bde. Paris 1932.
SIMMEL, GEORG, Philosophie des Geldes. Leipzig 1900.

b) Die Unternehmungen

BENDIX, REINHARD, Herrschaft und Industriearbeit (amerik. 1956). Frankfurt/M. 1960.
BERLE, A. und G. MEANS, The Modern Corporation and Private Property. New York 1933.
BERLE, A., Die kapitalistische Revolution des XX. Jahrhunderts (1954). Meisenheim 1958.
BECKERATH, H. v., Großindustrie und Gesellschaftsordnung. Tübingen und Zürich 1954.
BOWMAN, M. J. (Hrsg.), Expectations, Uncertainty and Business Behavior. New York 1958.
BRADY, R. A., Business as a System of Power. New York 1943.
BURISCH, WOLFRAM, Industrie- und Betriebssoziologie, Sammlung Göschen Bd. 103/103 a. Berlin 1969 (Lit.).
CYERT, RICHARD M., HERBERT A. SIMON und DONALD B. TROW, Observation of a Business Decision. In: The Journal of Business XXIX (1956).
– und J. G. MARCH, A Behavioral Theory of the Firm. Englewood Cliffs 1963.
DAVIDSON, D. und P. SUPPES, Decision Making: An Experimental Approach. Stanford 1957.
FÜRSTENBERG, FRIEDRICH (Hrsg.), Industriesoziologie. Vorläufer und Frühzeit 1835–1934. Neuwied 1966² (Lit.).
–, Grundfragen der Betriebssoziologie. Köln und Opladen 1964.
Gestaltwandel der Unternehmung. Nürnberger Abhandlungen zu den Wirtschafts- und Sozialwissenschaften, Heft 4. Berlin 1954.

Gutenberg, Erich, Untersuchungen über die Investitionsentscheidungen industrieller Unternehmen. Köln 1959.

Hartmann, Heinz, Amerikanische Firmen in Deutschland. Köln und Opladen 1963.

–, Der deutsche Unternehmer: Autorität und Organisation. (amerik. 1959) Frankfurt/M. 1968.

Hofmann, Ernst Martin, Wandlungen und Tendenzen in der Machtstellung und Zusammensetzung der Verwaltung privater Aktiengesellschaften. Veröffentlichungen der Handelshochschule St. Gallen, Heft 39, St. Gallen 1954.

Jahn, Georg, Die Entstehung der Fabrik. In: Schmollers Jahrbuch 69 (1949).

Katona, George, Das Verhalten der Verbraucher und Unternehmer (amerik. 1951). Tübingen 1960.

Meyer, John R. und Edwin Kuh, The Investment Decision. Cambridge, Mass. 1957.

Oursin, Thomas, Probleme industrieller Investitionsentscheidungen. Berlin-München 1962.

Pross, Helge, Manager und Aktionäre in Deutschland. Frankfurt/M. 1965.

Steinitzer, Erwin, Ökonomische Theorie der Aktiengesellschaft. Leipzig 1908.

Veblen, Thorstein, The Theory of Business Enterprise. New York 1904.

c) Die privaten Haushalte

Andreae, C. A., Ökonomik der Freizeit, Reinbek 1970.

Caplovitz, David, The Poor Pay More. Consumer Practices of Low-Income Families. New York und London 1963.

Clark, Lincoln H. (Hrsg.), Consumer Behavior Bd. 1–3. New York 1954–1958 (Vorträge und Diskussionsberichte von Tagungen der Consumer Behavior Inc.).

Clausen, L., Elemente einer Soziologie der Wirtschaftswerbung. Köln und Opladen 1964.

Egner, Erich, Der Haushalt. Berlin 1952.

–, Entwicklungsphasen der Hauswirtschaft. Göttingen 1964.

Foote, Nelson (Hrsg.), Consumer Behavior Bd. 4 New York 1959.

Freudenthal, Margarete, Gestaltwandel der städtischen, bürgerlichen und proletarischen Hauswirtschaft (Diss. Frankfurt/M.). Würzburg 1934.

GALBRAITH, JOHN K., The Affluent Society, 1958 (dt.: Gesellschaft im Überfluß. München-Zürich 1958).

HALBWACHS, MAURICE, La classe ouvrière et les niveaus de vie. Paris 1912.

–, L'évolution des besoins dans les classes ouvrières. Paris 1933.

KATONA, G., The Powerful Consumer. New York 1960.

KYRK, HAZEL, A Theory of Consumption. Boston und New York 1923.

LORENZ, CHARLOTTE, Soziologische und marktwirtschaftliche Verbrauchsforschung. In: Festgabe für GEORG JAHN. Berlin 1955.

MEYER-DOHM, PETER, Sozialökonomische Aspekte der Konsumfreiheit. Freiburg i. B. 1965.

NOELLE-NEUMANN, ELISABETH und GERHARD SCHMIDTCHEN, Verbraucher beim Einkauf. Allensbach 1968.

OPPEN, DIETRICH v., Verbraucher und Genossenschaft. Zur Soziologie und Sozialgeschichte der deutschen Konsumgenossenschaften. Köln und Opladen 1959.

PACKARD, VANCE, The Hidden Persuaders, 1958 (dt.: Die geheimen Verführer. Düsseldorf 1958).

SCHERHORN, GERHARD, Verhaltensforschung und Konsumtheorie. In: Schmollers Jahrbuch 80 (1960).

–, Information und Kauf. Empirische Analyse der Markttransparenz. Köln und Opladen 1964.

SOMBART, WERNER, Luxus und Kapitalismus. München 1913.

VEBLEN, THORSTEIN, The Theory of the Leisure Class, 1899 (dt.: Theorie der feinen Leute. Köln 1958).

ZAHN, ERNEST, Die Fragen des Konsumentenverhaltens in der heutigen Sozialforschung. In: Kölner Zeitschrift für Soziologie und Sozialpsychologie 11 (1959).

ZIMMERMANN, C. C., Consumption and Standards of Living. New York und London 1936.

d) Der Staatshaushalt

BELLSTEDT, CH., Die Steuer als Instrument der Politik. Berlin 1966.

GOLDSCHEID, RUDOLF, Staat, öffentlicher Haushalt und Gesellschaft. Wesen und Aufgabe der Finanzwissenschaft vom Standpunkt der Soziologie. In: Handbuch der Finanzwissenschaft 1. Tübingen 1926[1].

HANSMEYER, K. H., Der Weg zum Wohlfahrtsstaat. Frankfurt/M. 1957.
HEINIG, K., Das Budget, 3 Bde. Tübingen 1949/51.
MANN, FRITZ KARL, Die Grundformen der Steuerabwehr. Jena 1932.
–, Steuerpolitische Ideale. Jena 1937.
–, Finanzsoziologie. In: Wörterbuch der Soziologie. Stuttgart 1955.
–, Finanztheorie und Finanzsoziologie. Göttingen 1959.
SCHMÖLDERS, GÜNTER, Das Irrationale in der öffentlichen Finanzwirtschaft. Hamburg 1960.
SCHMOLLER, G., Historische Betrachtungen über Staatenbildung und Finanzentwicklung. In: Jahrbuch für Gesetzgebung, Verwaltung und Volkswirtschaft, 1909.
SCHUMPETER, JOSEPH, Die Krise des Steuerstaates (1918). Neudruck in: Aufsätze zur Soziologie. Tübingen 1953.
SULTAN, HERBERT, Finanzwissenschaft und Soziologie. In: Handbuch der Finanzwissenschaft 1. Tübingen 1952².

e) Die Marktorganisationen

ABENDROTH, WOLFGANG, Sozialgeschichte der europäischen Arbeiterbewegung. Frankfurt/M. 1965.
ALBRECHT, G., Die soziale Funktion des Genossenschaftswesens. Berlin 1965.
ARNDT, H. (Hrsg.), Die Konzentration in der Wirtschaft, 3 Bde. Berlin 1960.
BUCHHOLZ, E., Die Wirtschaftsverbände in der Wirtschaftsgesellschaft. Tübingen 1969.
FÜRSTENBERG, FRIEDRICH, Die Machtstruktur der industriellen Arbeitsbeziehungen. In: Zeitschrift für die gesamte Staatswissenschaft Bd. 126 (1970).
GALBRAITH, JOHN K., American Capitalism. The Concept of Countervailing Power. Boston 1952.
HERRMANN, W., Industrielle Organisationen. In: Handwörterbuch der Sozialwissenschaften, Bd. 5 (1956).
HONDRICH, KARL OTTO, Die Ideologien von Interessenverbänden. Berlin 1963.
KAHL, JOACHIM, Macht und Markt. Berlin 1956.
KAISER, JOSEPH H., Die Repräsentation organisierter Interessen. Berlin 1956.
KESTNER, FRITZ, Der Organisationszwang. Berlin (1912), 1927².

KÜLP, BERNHARD, Lohnbildung im Wechselspiel zwischen politischen und wirtschaftlichen Kräften. Berlin 1965.

KÜNG, EMIL, Parteien und Verbände. Zürich 1954.

SCHACHTSCHABEL, H. G., Der organisatorische Aufbau der gewerblichen Wirtschaft (Westdeutschland). In: Jahrbücher für Nationalökonomie und Statistik 163 (1951).

SCHMÖLDERS, G., Das Selbstbild der Verbände. Berlin 1965.

WEBB, BEATRICE und SIDNEY, Theorie und Praxis der englischen Gewerkvereine (engl. 1897). Stuttgart 1898.

WEBER, A., Der Kampf zwischen Kapital und Arbeit. Tübingen 1954[6].

WEISSER, G. (Hrsg.), Genossenschaften und Genossenschaftsforschung (Draheim-Festschrift). Göttingen 1968.

WÖSSNER, J., Die ordnungspolitische Bedeutung des Verbandswesens. Tübingen 1961.

IV. Die Wirtschaftsdynamik

ASHTON, TH. S., Industrial Revolution, 1760–1830, London-New York-Toronto 1948.

BARAN, P. A., Politische Ökonomie des Wirtschaftswachstums (amerik. 1957). Neuwied 1966.

BARNETT, H. G., Innovation. New York-Toronto-London 1953.

BAUMOL, W. J., Economic Dynamics. New York 1954.

BEHRENDT, RICHARD F., Soziale Strategie für Entwicklungsländer. Frankfurt/M. 1965.

BREPOHL, WILHELM, Industrievolk im Wandel von der agraren zur industriellen Daseinsform, dargestellt am Ruhrgebiet. Tübingen 1957.

CLARK, COLIN, The Conditions of Economic Progress. London (1940). 1957[3].

EISERMANN, G. (Hrsg.), Soziologie der Entwicklungsländer. Stuttgart 1968.

FOURASTIÉ, JEAN, Die große Hoffnung des zwangzigsten Jahrhunderts (franz. 1949). Köln 1954.

HAGEN, E. E., On the Theory of Social Change. Homewood/Ill. 1962.

HOFFMANN, WALTHER G., Stadien und Typen der Industrialisierung. Jena 1931.

–, Industrialisierung. In: Handwörterbuch der Sozialwissenschaften 5 (1956).

HOLY, V. L., Die Zeitgebundenheit der Kreislauftheorien von Quesnay, Marx und Keynes. Zürich 1957.

HOSELITZ, BERT F., Wirtschaftliches Wachstum und sozialer Wandel. Berlin-München 1969.

JOCHIMSEN, R., Theorie der Infrastruktur. Tübingen 1966.

JÖHR, WALTER A., Theoretische Grundlagen der Wirtschaftspolitik, Bd. 2: Die Konjunkturschwankungen. Tübingen und Zürich 1952.

KLATT, SIGURD, Zur Theorie der Industrialisierung. Köln und Opladen 1959 (Lit.).

LERNER, D., The Passing of Traditional Society. Glencoe/Ill. 1958.

LEWIS, W. A., Die Theorie des wirtschaftlichen Wachstums. Tübingen und Zürich 1956.

LITTMANN, KONRAD, Zunehmende Staatstätigkeit und wirtschaftliche Entwicklung. Köln und Opladen 1957.

LUXEMBURG, ROSA, Die Akkumulation des Kapitals. Leipzig 1921.

MACKENROTH, GERHARD, Bevölkerungslehre. Berlin-Göttingen-Heidelberg 1953.

MOORE, WILBERT E., Industrialization and Labor: Social Aspects of Economic Development. Ithaca 1951.

MÜLLER-ARMACK, A., Religion und Wirtschaft. Stuttgart 1959.

ROSTOW, WALT W., Stadien wirtschaftlichen Wachstums (engl. 1960). Göttingen 1960.

SCHUMPETER, JOSEPH, Business Cycles, 2 Bde. New York und London 1939.

–, Theorie der wirtschaftlichen Entwicklung. Berlin 1952[5].

STRUVE, P., Zum Problem des sogenannten wirtschaftlichen Gleichgewichts. In: Zeitschrift für Nationalökonomie 7 (1936).

TAWNEY, R. H., Religion und Frühkapitalismus (1926). Bern 1946.

WEBER, MAX, Gesammelte Aufsätze zur Religionssoziologie. Tübingen 1920/21.

V. Wirtschaft und Gesellschaft

BEARD, CH. A., The Economic Basis of Politics. New York 1945.

DAHRENDORF, RALF, Soziale Klassen und Klassenkonflikt. Stuttgart 1957.

EISERMANN, GOTTFRIED, Wirtschaftssystem und Gesellschaftsform. In: Die Einheit der Sozialwissenschaften (Hrsg. W. BERNSDORF und G. EISERMANN). Stuttgart 1955.

GALBRAITH, J. K., Die moderne Industriegesellschaft (amerik. 1967). München-Zürich 1968.

Grundriß der Sozialökonomik IX. Abt. (Das soziale System des Kapitalismus.) Tübingen 1926/27.

HEIMANN, EDUARD, Wirtschaftssysteme und Gesellschaftssysteme. Tübingen 1954.

–, Soziale Theorie der Wirtschaftssysteme. Tübingen 1963.

KERR, C., J. T. DUNLOP, F. H. HARBISON und C. A. MYERS, Der Mensch in der industriellen Gesellschaft (amerik. 1960). Frankfurt/M. 1966.

LÖWE, A., Zur ökonomischen Theorie des Imperialismus in „Wirtschaft und Gesellschaft". In: Festschrift für F. OPPENHEIMER, Frankfurt/M. 1924.

MARX, KARL, Zur Kritik der politischen Ökonomie (1859). Berlin 1951.

RÜSTOW, ALEXANDER, Ortsbestimmung der Gegenwart, 3 Bde. Stuttgart-Zürich 1950/1957.

SCHUMPETER, JOSEPH, Zur Soziologie der Imperialismen (1918). Neudruck in: Aufsätze zur Soziologie. Tübingen 1953.

–, Kapitalismus, Sozialismus und Demokratie (1942). München 1950².

SEIDEL, BRUNO, Industrialismus und Kapitalismus. Meisenheim 1955.

SOMBART, WERNER, Der moderne Kapitalismus, 4 Bde. Leipzig 1902 bis 1928.

WIESER, FRIEDRICH V., Das Gesetz der Macht. Wien 1926.

Personenregister

Sachregister

Allgemeine Volkswirtschaftslehre von A. Paulsen. 4 Bde. I: Grundlegung, Wirtschaftskreislauf. 9. Aufl. 164 S., 11 Abb. 1970. II: Haushalte, Unternehmungen, Marktformen. 9. Aufl. 203 S., 35 Abb. 1970. III: Produktionsfaktoren. 6., erg. Aufl. 228 S., 24 Abb. 1969. IV: Gesamtbeschäftigung, Konjunkturen, Wachstum. 5. Aufl. 188 S. 1968. (Bd. 1169, 1170/1170 a, 1171/1171 a, 1172)

Übungsaufgaben mit Lösungen zu A. Paulsen, Allgemeine Volkswirschaftslehre I/II von W. Wedig. 2., erg. Aufl. 199 S. 1969. (Bd. 1227/1227 a)

Übungsaufgaben mit Lösungen zu A. Paulsen, Allgemeine Volkswirtschaftslehre III/IV von W. Wedig. 240 S. 1969. (Bd. 1240/1240 a)

Geschichte der Volkswirtschaftslehre von S. Wendt. 2., neubearb. Aufl. 184 S. 1968. (Bd. 1194/1194 a)

Allgemeine Volkswirtschaftspolitik von H. Ohm. 2 Bde. I: Systematisch-theoretische Grundlagen. 3., verb. u. erg. Aufl. 154 S., 7 Abb. 1969. — II: Der volkswirtschaftliche Gesamtorganismus als Objekt der Wirtschaftspolitik. 2., verb. u. erg. Aufl. 184 S. 1969. (Bd. 1195, 1196/1196 a)

Finanzwissenschaft von H. Kolms. 4 Bde. I: Grundlegung, Öffentliche Ausgaben. 3., verb. Aufl. 165 S. 1966. — II: Erwerbseinkünfte, Gebühren und Beiträge, Allgemeine Steuerlehre. 3., verb. Aufl. 154 S. 1966. — III: Besondere Steuerlehre. 2., verb. u. erg. Aufl. 205 S. 1967. — IV: Öffentlicher Kredit, Öffentlicher Haushalt, Finanzausgleich. 191 S. 1964. (Bd. 148, 391, 776/776 a, 782/782 a)

Finanzmathematik von M. Nicolas. 2., verb. Aufl. 192 S., 11 Taf., 8 Tab. u. 72 Beisp. 1967. (Bd. 1183/1183 a)

Digitale Rechenautomaten. Eine Einführung von R. Klar. 205 S., 19 Tab., 75 Abb., 37 Beisp. 1970. (Bd. 1241/1241 a)

Programmierung von Datenverarbeitungsanlagen von H. J. Schneider u. D. Jurksch. 2., verb. Aufl. Etwa 120 S., 14 Abb., 8 Tab. 1970. (Bd. 1225/1225 a)

Betriebsverbindungen von E. Grochla. 263 S., 12 Abb., 2 Falttaf. 1969. (Bd. 1235/1235 a)

Genossenschaftswesen von R. Schultz. 219 S. 1970. (Bd. 1249/1249 a)

Buchhaltung und Bilanz von E. Kosiol. 2., überarb. u. veränd. Aufl. 186 S. 1967. (Bd. 1213/1213 a)

Kostenrechnung und Kalkulation von E. Kosiol. 249 S., 43 Abb. 1969. (Bd. 1214/1214 a)

Einführung in die Arbeitswissenschaft von H. H. Hilf. 169 S., 57 Abb. 1964. (Bd. 1212/1212 a)

Allgemeine Methodenlehre der Statistik von J. Pfanzagl. 2 Bde. I: Elementare Methoden unter besonderer Berücksichtigung der Anwendungen in den Wirtschafts- und Sozialwissenschaften. 4., verb. Aufl. 266 S., 51 Abb. 1967. — II: Höhere Methoden unter besonderer Berücksichtigung der Anwendungen in Naturwissenschaften, Medizin und Technik. 3., verb. Aufl. 315 S., 41 Abb. 1968. (Bd. 746/746 a, 747/747 a)

Werbung. Grundlagen von C. Hundhausen. 118 S. 1969. (Bd. 1231)

Wirtschaftswerbung von C. Hundhausen. 1970. In Vorb. (Bd. 1232)

Public Relations. Theorie und Systematik von C. Hundhausen. 154 S. 1969. (Bd. 1233)

Propaganda von C. Hundhausen. In Vorb. (Bd. 1234)

Zeitungslehre von E. Dovifat. 2 Bde. 5., neubearb. Aufl. I: Theoretische und rechtliche Grundlagen — Nachricht und Meinung — Sprache und Form. 162 S. 1967. — II: Redaktion — Die Sparten: Verlag und Vertrieb, Wirtschaft und Technik — Sicherung der öffentlichen Aufgabe. 179 S. 1967. (Bd. 1039/1039 a, 1040/1040 a)

Das Gesamtverzeichnis *Sammlung Göschen* erhalten Sie jederzeit kostenlos bei Ihrem Buchhändler.

Walter de Gruyter & Co · Berlin

FSC
www.fsc.org
MIX
Papier | Fördert gute Waldnutzung
FSC® C083411

Kolibri 360 GmbH
Ferdinand-Jühlke-Straße 7
99095 Erfurt, Deutschland
produktsicherheit@kolibri360.de

[illegible]
[illegible]
[illegible]
[illegible]